Entfeindet Euch!

Stefan Seidel

Entfeindet Euch!

Auswege aus Spaltung und Gewalt

claudius

essay

„Es gibt auf beiden Seiten der Welt Menschen, die suchen.“

Frantz Fanon

INHALT

Kapitel 1 Verfeindungen

Rückkehr der Feindschaft

Die Zeit hat sich verhärtet. Verfeindung ist vielerorts so stark geworden, dass Verständigung und Verbundenheit zunehmend schwierig, wenn nicht gar unmöglich werden. Sie treibt Menschen, Gruppen, Gesellschaften und Völker auseinander. Statt auf Kompromiss, Kooperation und Koexistenz wird immer stärker auf Konfrontation, Kompromisslosigkeit und Kampf gesetzt. Das Visier ist heruntergeklappt, der Sehschlitz ist eng. Maß und Milde, Ausgleich und Vermittlung scheinen in weite Ferne gerückt. Klare Kante ist angesagt. Abgeräumt sind Positionen, die statt auf Feindschaft und Härte auf Deeskalation und Dialog, Entfeindung und Empathie, Gewaltminimierung und Gemeinsames setzen. Es scheint, als zähle nur noch der absolute Sieg.

Dabei ist die Feindschaft vielfach schon aus dem Stadium der Worte in das der Waffen gelangt. Der Kampf gegen den Feind wird wieder auf blutigen Schlachtfeldern ausgetragen. Der ewige Wechsel der Zeiten ist offensichtlich wieder ganz auf seine zerstörerische Seite gependelt. Bereits beim alttestamentlichen Prediger Salomo heißt es:

> „Töten hat seine Zeit, heilen hat seine Zeit; abbrechen hat seine Zeit, bauen hat seine Zeit; weinen hat seine Zeit, lachen hat seine Zeit; klagen hat seine Zeit, tanzen hat seine Zeit; Steine wegwerfen hat seine Zeit, Steine sammeln hat seine Zeit; (…) lieben hat seine Zeit, hassen hat seine Zeit; Streit hat seine Zeit, Friede hat seine Zeit."

Von höchster Stelle wurde eine „Zeitenwende" ausgerufen. Die Zeit wird auf Krieg getrimmt. Künftig soll nicht mehr der Leitspruch „Wir *und* die anderen" gelten, sondern „Wir *oder* die anderen". Fronten werden geklärt und gebildet, das eigene Lager für den Krieg ertüchtigt. Dieser erscheint als regelrechte Notwendigkeit, die nichts Geringeres ist, als der Endkampf zwischen *dem Guten* und *dem Bösen*. Die Worte gehen voran. Sie sind eindeutig. Bundeskanzler Olaf Scholz erklärte am 27. Februar 2022:[1]

> „Wir erleben eine Zeitenwende. Und das bedeutet: Die Welt danach ist nicht mehr dieselbe wie die Welt davor. Im Kern geht es um die Frage, ob Macht das Recht brechen darf, ob wir es Putin gestatten, die Uhren zurückzudrehen in die Zeit der Großmächte des 19. Jahrhunderts, oder ob wir die Kraft aufbringen, Kriegstreibern wie Putin Grenzen zu setzen. Das setzt eigene Stärke voraus. Ja, wir wollen und wir wer-
> den unsere Freiheit, unsere Demokratie und unseren Wohlstand sichern."

Von einer Herausforderung ist die Rede, vor die die Zeit uns gestellt habe und die nun „nüchtern und entschlossen" angenommen werde. Das bedeute unter anderem, im kriegerischen Konflikt zwischen Russland und der Ukraine „auf der richtigen Seite der Geschichte" zu stehen. Dafür bedarf es einer massiven militärischen Aufrüstung. Scholz sagte: „Klar ist: Wir müssen deutlich mehr in die Sicherheit unseres Landes investieren, um auf diese Weise unsere Freiheit und unsere Demokratie zu schützen. Das ist eine große nationale Kraftanstrengung." Und schon klingen die mannigfaltigen Waffenarten an, die seither wie in einem blühenden Waffenwahn immer und immer wieder gefordert und gepriesen, produziert und geliefert, eingesetzt und nachgeliefert werden. Sie sind zu einer Art Prägesiegel der neuen Zeit geworden. So kündigte Scholz bereits an jenem 27. Februar „die nächste Generation von Kampfflugzeugen und Panzern“ an, „die Eurodrohne“, „die Heron-Drohne“, „die nukleare Teilhabe“, zu deren Absicherung der „Eurofighter“ zur „Electronic Warfare“ befähigt werden soll und so weiter und so fort …

Binnen kürzester Zeit griff eine Gewöhnung an Waffen Raum, die bis vor Kurzem noch undenkbar schien.

Mit ihnen verbindet sich ein regelrechter Heilsglaube.

So geht also die Zeitenwende: Die militärische Logik wird umfassend in Geltung gesetzt und die neue Wehrhaftigkeit als alternativloses Gebot der Stunde ausgegeben. Nichtmilitärische Logik gerät dabei zwangsläufig ins Abseits. Wenn die dominierende Position als ein Stehen auf der „richtigen Seite der Geschichte“ beschrieben wird, muss eine abweichende Positionierung zwangsläufig als ein Stehen auf der „falschen Seite“ erscheinen. Es gibt offenbar nur noch ein entschiedenes „Entweder-oder“.

Das Hauptkennzeichen der neuen Zeit ist die Zweiteilung der Welt. Die Wirklichkeit rastet ein in ein klares Muster: Hier *das Gute*, dort *das Böse*. Die Markierung von Freund und Feind ist unzweideutig. So wird ein Sog entfacht, der in einen der beiden gegensätzlichen Pole hineinzieht. Positionen dazwischen oder außerhalb der Polarität haben einen schweren Stand und rücken ins Zwielicht. Die für diese Zweiteilung benötigten Feindbilder werden dabei auf *beiden* Seiten der gegenwärtig eskalierten kriegerischen Konflikte klar gezeichnet – die jeweils andere Seite wird umfassend dämonisiert, etwa wenn man sich gegenseitig als „Reich des Bösen“ oder „das absolute Böse“ bezeichnet. Diese apokalyptische Rhetorik trägt übrigens typische Züge des Fundamentalismus, der von einer „dualistischen Weltinterpretation“ durchdrungen ist, in der „die Mächte des Lichts und des eigenen Gottes gegen die der Finsternis des Satans stehen“.[2] Deshalb gelten im Fundamentalismus auch Kompromiss und Pluralismus nicht als Tugenden, sondern als Verderbnis.[3] Man ist gefangen in einer Welt aus Schwarz und Weiß. Auf der eigenen Seite steht dabei das Edle, Wahre, Wertebewusste und Gute – *Gott*; auf der anderen tobt das Finstere, Verderbliche, Barbarische und Falsche – *Satan*.

Diese Kriegslogik hat bereits der Kriegstheoretiker Carl von Clausewitz (1780–1831) mustergültig als eine Logik beschrieben, die in den Krieg hineinführt, aber nicht mehr aus ihm heraus. Denn diese Logik kennt nur Mittel und Wege *im* Krieg, der durch Sieg oder Niederlage entschieden wird. In seinem Buch „Vom Kriege“[4] schreibt er:

> „Der Krieg ist nichts als ein erweiterter Zweikampf. (…) Jeder sucht den anderen durch physische Gewalt zur Erfüllung seines Willens zu zwingen; sein nächster Zweck ist, den Gegner niederzuwerfen und dadurch zu jedem ferneren Widerstand unfähig zu machen.“

Das Ziel sei „die Entwaffnung oder das Niederwerfen des Feindes“. Wobei der entscheidende Antrieb die „feindliche Absicht“ sei: „Haben beide Teile sich zum Kampf gerüstet, so muss ein feindseliges Prinzip sie dazu vermocht haben“, so Clausewitz. Dieses „feindselige Prinzip“ hält er für entscheidend. Entfällt es, entfällt auch der Grund des Krieges und dieser kann von einem Frieden abgelöst werden. Um den Krieg aber aufrechtzuerhalten und bis zum Sieg zu treiben, muss die Feindschaft ein blühender Nährboden sein. Für einen erfolgreichen Krieg müssten deshalb Clausewitz zufolge nicht nur „die Größe der vorhandenen Mittel“ sichergestellt werden, sondern auch „die Stärke der Willenskraft“. Die innere Scheu im Menschen müsse dafür „niedergekämpft“ werden von „kräftigen Gemütern der Entschlossenheit“. Es brauche Menschen mit einer „Heldennatur“. Clausewitz empfiehlt dafür eine Art Gefühlspanzerung, die das Überwältigtwerden durch Mitleid verhindert und eine „völlige Unbefangenheit“ sichert. Deshalb solle auch in Friedenszeiten das Kriegsprinzip nicht verlernt und stetig am Abbau der Tötungshemmungen, an der klaren Feindausrichtung und der Wehrbereitschaft gearbeitet werden.

Einen Weg, wie diese Mitleid- und Schuldlosigkeit herbeigeführt werden kann, hat die Psychoanalytikerin Hanna Segal (1918–2011) beschrieben: Die hemmende Gewissensinstanz des Über-Ich muss dabei vom Einzelnen

weg in ein gemeinsames Über-Ich der Gruppe überführt werden – dann „können wir offenbar ohne Schuldgefühle Gräuel verüben, die wir in unserem individuellen Leben nicht ertragen würden“, so Segal. Sie spricht im Blick auf die Kriegsvorbereitungen von „paranoid-schizoiden Mechanismen“, die den Feind als „absolut böse“ kategorisieren und Schuld- und Trauergefühle angesichts der herbeigeführten Zerstörungen abwehren und abspalten.
Segal schreibt:

> „Ehe Menschen Kriege hinnehmen, müssen die paranoiden Mechanismen verstärkt werden. Unsere Gruppe oder unsere Ideen müssen als vollkommen empfunden werden. Der Feind muss als unmenschliches Ungeheuer erscheinen.“[5]

Es zeigt sich: Kriegsvorbereitung und Kriegsführung bedürfen immer auch einer mentalen Unterfütterung. Und es spricht einiges für die Beobachtung, dass diese mentale Kriegsertüchtigung in der gegenwärtigen Zeitenwende wieder in die Köpfe gebracht werden soll. Mit großer Rhetorik werden derzeit die Menschen auf die neue Notwendigkeit der Wehrbereitschaft und Feindorientierung eingeschworen. So sagte Bundesverteidigungsminister Boris Pistorius am 29. Oktober 2023 in der ZDF-Sendung „Berlin direkt“:

> „Wir brauchen einen Mentalitätswechsel. In der Truppe, da ist er in vollem Gange. (…) Aber, ganz wichtig, auch der Mentalitätswechsel in der Gesellschaft ist richtig. Wir müssen uns wieder an den Gedanken gewöhnen, dass die Gefahr eines Krieges in Europa drohen könnte, und das heißt, wir müssen kriegstüchtig werden, wir müssen wehrhaft sein und die Bundeswehr und die Gesellschaft dafür aufstellen."[6]

Genauer ausgeführt wird dieses Programm in den neuen „Verteidigungspolitischen Richtlinien für die Zeitenwende"[7], in denen es heißt: „Wir müssen Rückgrat der Abschreckung und kollektiven Verteidigung in Europa sein." Die Bundeswehr sei dabei „der Garant für die Abschreckungs- und Verteidigungsfähigkeit Deutschlands". Es gehe um die „Bereitschaft zum Kampf mit dem Anspruch auf Erfolg im hochintensiven Gefecht". Denn nur so werde Abschreckung glaubwürdig und Frieden gewährt. Auch erfordere die Landes- und Bündnisverteidigung weiterhin „die Teilhabe an glaubhafter nuklearer Abschreckung". Die „Wehrhaftigkeit zum Schutz Deutschlands" wird als eine „gesamtgesellschaftliche Aufgabe" beschrieben. Konkret bedeutet das beispielsweise auch, dass eine aktive, auch von der Gesellschaft getragene Veteranen- und Gefallenenkultur eine stete Verpflichtung sei. Gleichzeitig wird sich schon auf neue Feinde eingestellt: China beanspruche zunehmend offensiv eine regionale Vormachtstellung und handele immer wieder „im Widerspruch zu unseren Werten und Interessen“, heißt es.

Auch Altbundespräsident Joachim Gauck wünschte sich zuvor schon in einem Interview einen „Geist der Verteidigungsbereitschaft, wie ihn der Westen zu Zeiten des Kalten Kriegs hatte“. Denn der Gegner nehme uns nur ernst, wenn wir entsprechend ausgerüstet seien,
um ihm zu widerstehen.[8] Und der Politologe Herfried Münkler forderte bereits den Aufbau der atomaren Fähigkeiten Europas. „Es geht um Abschreckungsqualität, dazu gehört die Zweitschlagfähigkeit“, sagte er in einem Interview. Mit Blick auf die Aufrüstung vieler Staaten der Welt betonte er: „Für viele liegt es näher, die Politik des Nordkoreaners Kim zu betreiben – nur bis an die Zähne bewaffnet ist man unangreifbar.“ So sei auch hierzulande „eine nachhaltige Bereitschaft zur Mentalitätsveränderung“, den der Begriff „Kriegstüchtigkeit“ kommuniziere, notwendig. Die Deutschen seien kein Volk von Pazifisten mehr. „Am Ende geht es nicht ohne Militär. Das ist die andere Konsequenz aus den jüngsten Kriegen, damit man sich hinterher nicht fragen muss, wie man so naiv sein konnte“, so Münkler.[9]

Es ist ganz offenkundig wieder so, wie es in Christa Wolfs Erzählung „Kassandra“ über die Vorbereitung des Trojanischen Krieges heißt:

> „Die Leute des Eumelos waren an der Arbeit. Sie hatten Anhänger unter Palastschreibern und Tempeldienern gewonnen. Auch geistig müssten wir gerüstet sein, wenn der Grieche uns angreife. Die geistige Rüstung bestand in der Schmähung des Feindes (von ‚Feind' war schon die Rede, eh noch ein einziger Grieche ein Schiff bestiegen hatte) und im Argwohn gegen die, welche verdächtig waren, dem Feind in die Hände zu arbeiten. (...) Wann Krieg beginnt, das kann man wissen, aber wann beginnt Vorkrieg. Falls es da Regeln gäbe, müsste man sie weitersagen. In Ton, in Stein eingraben, überliefern. Was stünde da. Da stünde, unter anderen Sätzen: Lasst euch nicht von den Eignen täuschen."[10]

Bei all dem neuen Lobpreis der Abschreckung und Kriegsertüchtigung muss immer bedacht werden, dass diese die Gefahr der Entgleisung in sich tragen. Hanna Segal warnte bereits vor Jahren, dass die Kriegsvorbereitung auf der eigenen Seite und beim „erwählten Feind" Paranoia auslöse und auf beiden Seiten die Wahrscheinlichkeit eines Präventivschlags aus Angst erhöhe. „Die sogenannte Abschreckung mit ihrem Gleichgewicht des Schreckens und Wahns muss früher oder später entgleisen", so Segal.[11]

Zeiten der Kriegsvorbereitung entfachen einen Sog der Feindschaft, der die Menschen in den einen oder den anderen Pol der Konfrontation hineinzwingt. Es entsteht dabei ein Druck, alles Denken und Handeln grundsätzlich vom Prinzip der Feindschaft bestimmen zu lassen. Diese aus der Verfeindung aufgebaute Kriegslogik hat bereits der – aufgrund seiner nationalsozialistischen Vergangenheit allerdings nicht unumstrittene – politische Philosoph Carl Schmitt (1888–1985) als ein entscheidendes politisches Prinzip beschrieben. Feindschaft sei ihm zufolge die „seinsmäßige Negierung eines anderen Seins", deren logische Folge und „äußerste Realisierung" der Krieg sei. Dabei seien Feindschaft und Krieg kein wählbarer, sondern ein natürlicher Zustand des Menschen, so Schmitt. Denn der Mensch sei im Grunde böse, was „alle echten politischen Theorien" voraussetzen würden. Im Raum des Politischen sei demnach die Freund-Feind-Logik unabdingbar – eine Welt ohne diese Logik sei schlicht eine Welt ohne Politik. So kann Schmitt geradezu schwärmerisch schlussfolgern: „Die Höhepunkte der großen Politik sind zugleich die Augenblicke, in denen der Feind in konkreter Deutlichkeit als Feind erblickt wird." Die Unfähigkeit zu dieser Freund-Feind-Unterscheidung sei hingegen „ein Symptom des politischen Endes".[12]

Doch auch das beschrieb Schmitt bereits: Im Krieg als der zum Äußersten geführten Form der Feindschaft entfallen die Hemmungen, und die Gewalt und die Entwertung des Feindes wird total entgrenzt, insbesondere im Zeitalter nuklearer Waffen, die zu „reinen Vernichtungsmitteln“ würden. Solche „absoluten Vernichtungsmittel“ erfordern „den absoluten Feind“. Die „letzte Gefahr“ bestehe dann nicht in den Waffen selbst, sondern „in der Unentrinnbarkeit eines moralischen Zwanges“. „Die Menschen, die jene Mittel gegen andere Menschen anwenden, sehen sich gezwungen, diese anderen Menschen, d. h. ihre Opfer und Objekte, auch moralisch zu vernichten. Sie müssen die Gegenseite als Ganzes für verbrecherisch und unmenschlich erklären, für einen totalen Unwert. Sonst sind sie eben selber Verbrecher und Unmenschen. Die Logik von Wert und Unwert entfaltet ihre ganze vernichtende Konsequenz und erzwingt immer neue, immer tiefere Diskriminierungen, Kriminalisierungen und Abwertungen bis zur Vernichtung allen unwerten Lebens“, schreibt Schmitt, der in diesem Zusammenhang von „absoluter Feindschaft“ und „absoluter Vernichtung“ spricht: das Stoßen des anderen in den „Abgrund der totalen Entwertung“.[13]

Diese Mechanismen sind vor und in fast jedem Krieg zu beobachten, wie die psychologische Feindbildforschung festgestellt hat. So beschreibt der Psychologe Gert

Sommer einen fünfstufigen Prozess der Steigerung von Feindbildern in Kriegs- und Krisenzeiten. Während zunächst noch die *Bereitschaft* vorhanden ist, Konflikte unter Berücksichtigung aller Interessen zu lösen, wird beim Anwachsen des Konfliktes das *Beharren* auf dem eigenen Anliegen stärker und die differenzierte Wahrnehmung des anderen geringer; hernach wächst die *Entschlossenheit*, das Eigene durchzusetzen, wobei die Gegenseite nur noch mittels negativer Klischees wahrgenommen wird; schließlich werden die verzerrenden Bilder des Gegners immer dominanter, was letztlich in eine *Totalisierung der Gegnerschaft* und offene Gewalt bis zur *Vernichtung* mündet. Feindbilder sind demnach gekennzeichnet durch einseitige Schuldzuschreibung, Betonung negativer Merkmale des anderen, Pauschalbewertungen, doppelte Standards, Dehumanisierung und Delegitimierung des anderen. Erzeugt werde dies unter anderem durch die Betonung der Gefährlichkeit und Minderwertigkeit des Gegners. Um Feindbilder abzubauen und ein gewaltfreies Austragen von Konflikten zu ermöglichen, empfiehlt Sommer eine Sensibilisierung gegenüber eigenen Vorurteilen und mahnt die Erziehung zu Toleranz und Empathie an. Hierzu kann seiner Ansicht nach der (zeitweise) Wechsel der Bezugsgruppe hilfreich sein. Ziel ist dabei die Entwicklung von Respekt gegenüber der Identität des anderen und das gemeinsame Streben nach Problemlösungen. Dem Vorbildverhalten gesellschaftlicher Vertreter kommt Sommer zufolge in diesem Zusammenhang besondere Bedeutung zu.[14]

Doch offenbar wiederholt sich der beschriebene Mechanismus der Verfeindung in der Geschichte immer wieder. Die Philosophin Judith Butler erkennt ihn auch in gegenwärtigen Feindschafts- und Kriegszuständen. Um eigenes Gewalt- und Kriegshandeln politisch und ethisch zu legitimieren, werden ihr zufolge bestimmte Menschengruppen als *unbetrauerbar* und zerstörbar angesehen – „sie können verloren oder aufgegeben werden, eben weil sie in einem Rahmen dargestellt sind, in dem sie bereits als verloren oder aufgegeben wahrgenommen werden“, schreibt sie in ihrem Buch „Raster des Krieges“. In dieser Sichtweise erscheint das Verschwinden dieser Menschen sogar als notwendig, um das „Leben der Lebenden“ zu schützen.[15] So gelten jene Feinde, denen die Zugehörigkeit zum gemeinsamen Menschlichen abgesprochen wird, als namenlose Niemande, als Verlorengegebene – ihr Leben werde gewissermaßen entwirklicht, so Butler. In der Folge gilt dann deren Zerstörung oder Beschädigung im Krieg als ethisch neutral: Verletzung und Tötung treffen keine „Dazugehörigen“, keine wirklich Lebenden. Ihre Auslöschung geschieht in einer Art Unsichtbarkeit. „Die Derealisierung des Verlusts – die Unempfänglichkeit für menschliches Leiden und Tod –

wird zum Mechanismus, über den die Entmenschlichung erreicht wird."[16] Judith Butler plädiert dagegen für die Rückgewinnung einer ethischen Perspektive, in der jedes Leben zählt und die den anderen aus der Zone des Ausgeschlossenseins zurückholt und als betrauerbar anerkennt, als gleichen Menschen.

> „Betrauerbar sein heißt, angesprochen sein auf eine Weise, die mich wissen lässt, dass mein Leben zählt, dass sein Verlust nicht bedeutungslos ist, dass mein Körper als einer behandelt wird, der zu leben und zu gedeihen imstande sein sollte und dessen Prekarität so gering wie nur möglich sein sollte, wofür auch förderliche Bedingungen gegeben sein sollten." Dann müsste die Welt so organisiert werden, „dass dieser Verlust verhindert und dieses Leben vor Schaden und Zerstörung bewahrt würde".[17]

Diese Perspektive der Anerkennung und der Gleichheit trage auch dem existierenden sozialen Bezug Rechnung, den die sich bekämpfenden Gruppen oft aufweisen: „Sie sind Teil voneinander, das eine Selbst ist im anderen impliziert." Gewaltlosigkeit wäre dann eine Weise, diesen Bezug anzuerkennen, so belastet er auch sein mag. Insbesondere gelte es dabei, den Begriff der „Selbstverteidigung" weiter zu fassen, als es bei der Legitimierung eigener

Gewaltanwendung üblich ist. Denn der Selbsterhalt sei oft an den Erhalt des Lebens der anderen gebunden. „Unser Schicksal liegt gleichsam wechselseitig in unseren Händen“, so Butler.[18]

Was aber, wenn in einer eskalierten Konfliktsituation nur der Kampfmodus herrscht, in dem radikal zwischen dem eigenen, wertvollen Leben und dem anderen, be-

deutungslosen Leben unterschieden wird? Dann sollte diese Realität im Namen der gemeinsamen Wirklichkeit und der Gleichheit aller Beteiligten geistig und praktisch überstiegen werden – auf ein „neues Imaginäres“ hin, in dem die gleiche Betrauerbarkeit allen Lebens gilt. „Wir sind heute ethisch dazu verpflichtet und aufgerufen, über die vorgeblich realistischen Grenzen des Machbaren hinauszudenken“, schreibt Butler. Und sie betont: „Gewaltlosigkeit verlangt den Abschied von der Realität, wie sie sich heute darstellt, und die Offenlegung von Möglichkeiten einer erneuerten politischen Vorstellung.“[19] Butler zufolge kann diese Utopie heute schon durch Beziehungen der Solidarität gelebt werden.

> „Nur so haben wir eine Chance, in einem kritischen Gemeinwesen zu bleiben, in dem Gewaltlosigkeit der Wunsch nach dem Lebenswunsch des anderen ist, eine andere Art zu sagen: ‚Du bist betrauerbar, dein Verlust ist nicht hinnehmbar, ich will, dass du lebst,

> ich will, dass du leben willst, nimm meinen Wunsch als deinen, denn deiner ist schon meiner.‘ Das ‚Ich‘, das bist nicht du, aber dieses ‚Ich‘ ist ohne das ‚Du‘ undenkbar – weltlos, unhaltbar.“[20]

Der entscheidende Bezugspunkt ist dabei nicht länger die Freund-Feind-Unterscheidung, sondern das geteilte gleiche Menschsein, die geteilte gleiche Verletzlichkeit und das Bewusstsein wechselseitigen aufeinander Angewiesenseins. Dieser Blick kann durch die Wahrnehmung des Antlitzes des anderen eröffnet werden: „Auf das Gesicht zu reagieren, seine Bedeutung zu verstehen, heißt, wach zu sein für das, was an einem anderen Leben gefährdet ist, oder vielmehr wach zu sein für die Gefährdetheit des Lebens an sich.“[21] So könnten Empathie und die Betrauerbarkeit des Anderen zurückgewonnen und die Gleichheit aller Menschen ins Recht gesetzt werden.

Zeit der Spaltungen

Feindschaft fällt nicht vom Himmel. Sie erwächst aus Spannungen, die sich zu Spaltungen und Polarisierungen auswachsen. Feindschaft gedeiht dort, wo Gruppen und Gesellschaften auseinanderdriften und ihre jeweiligen Identitäten über die Abgrenzung herstellen. Es spricht einiges für die Beobachtung, dass mit dem immer spürbareren Scheitern der wirtschaftlichen Globalisierung und den teils dramatischen sozialen Ungleichheiten und ökonomischen Spannungen ein neues Zeitalter der Spaltung und des Zorns heraufgezogen ist. Wie der indische Schriftsteller Pankaj Mishra zeigt, erwachsen viele der heutigen Verwerfungen daraus, dass die versprochene Teilhabe an Fortschritt und Wohlstand uneingelöst geblieben sei. Vielmehr führe das Gesetz dieses Zeitalters – das sozialdarwinistische Recht des Stärkeren – zu tiefen Rissen und Verwerfungen, sowohl zwischen Nationen und Gesellschaften, als auch innerhalb der Gesellschaften. Es herrsche ein „globaler Bürgerkrieg“, der aus einer eskalierten Konkurrenz erwachse, die die Welt und die Gesellschaften in Gewinner und Verlierer aufspalte, so Mishra. Er spricht auch von einer „tiefen Kluft“ zwischen Gewinnern und „entwurzelten Massen“, die sich ausgeschlossen sehen und „sich in Gefühle kultureller Überlegenheit, in Populismus und verbitterte Brutalität zurückziehen“. Milliarden der ärmsten Menschen der Erde seien in einem sozialdarwinistischen Albtraum gefangen. Und selbst in fortgeschrittenen Demokratien hätten eine dem Management gleichende Form der Politik und neoliberale Ökonomie den Sozialvertrag zerrissen. In dieser Situation erlebe sich der Einzelne als ohnmächtig und ausgeliefert, was eine diffuse Angst erzeuge. Viele Menschen hätten das Gefühl, dass jedem überall und jederzeit alles

passieren könne. Wer sich als schwach, unterlegen und benachteiligt empfindet, entwickelt Mishra zufolge häufig eine solche Angst, die sich nicht selten in Zorn verwandelt: Zorn vor allem gegen Minderheiten, die als Sündenböcke für die politischen und ökonomischen Erschütterungen herhalten müssen. „In einen fieberhaften Konkurrenzkampf verstrickt und von Angst gequält, möglicherweise demnächst zu den Verlierern zu gehören, neigen selbst re-
lativ Wohlhabende dazu, Feinde zu erfinden – Sozialisten, Liberale, einen dunkelhäutigen Alien im Weißen Haus, Muslime – und ihnen dann die Schuld an der eigenen inneren Pein zu geben", schreibt Mishra, der auch vom „Rückfall in zornigen Tribalismus" spricht.[22]

Die Illusion der Reinheit

Eine Infragestellung dieses Weltbildes ist allerdings auch deshalb so schwierig, weil es in einem kulturell bewährten Muster wurzelt: Ordnung wurde durch die Geschichte hindurch immer wieder durch die scharfe ideologische Unterscheidung von „Reinheit" und „Unreinheit" hergestellt – insbesondere in unübersichtlichen Zeiten. Diese Zweiteilung der Wirklichkeit reicht wohl zurück bis in den religiösen Kult und bildet offenbar bis heute eine abrufbare Form der Identitätssicherung. So schreibt die Sozialanthropologin Mary Douglas:

> „Ich bin nämlich der Ansicht, dass die Vorstellungen vom Trennen, Reinigen, Abgrenzen und Bestrafen von Überschreitungen vor allem die Funktion haben, eine ihrem Wesen nach ungeordnete Erfahrung zu systematisieren. Nur dadurch, dass man den Unterschied zwischen Innen und Außen, Oben und Unten, Männlich und Weiblich, Dafür oder Dagegen scharf pointiert, kann ein Anschein von Ordnung geschaffen werden."[23]

Das Eigene wird bei diesem Versuch der Ordnungsstiftung über die Abgrenzung definiert und mittels bestimmter Symboliken und Riten gefestigt. Freund und Feind sind klar bezeichnet. Doch diese konstruierte Reinheit hat eine Schattenseite: die verdrängte eigene „Unreinheit", die aus der Tabuzone heraus verdeckt weiterwirkt. So bemerkt Douglas: „Immer wenn unserem Leben eine strikte Reinheitsstruktur auferlegt wird, hat sie entweder äußerst unbequeme Folgen oder führt bei exakter Befolgung zu Widersprüchen, wenn nicht gar Heuchelei." Denn das Verneinte beanspruche dann auf anderen Wegen sein Recht. Deshalb werde in bestimmten religiösen Ritualen das Ausgesonderte oder Tabuisierte in besonderer Weise verehrend in den Mittelpunkt gestellt – herausgelöst aus dem Alltagszusammenhang und somit nicht mehr bedrohlich und doch gleichzeitig integriert. Um diese Aufhebung des Ambivalenten im Heiligen zu ermöglichen, streben Douglas zufolge viele Kulte danach, „an irgendeiner zentralen Stelle des rituellen Zyklus einen Kult einzubauen, der das Paradoxon der letztendlichen Einheit von Leben und Tod thematisiert". Der Tod werde dann ganz bewusst durch bestimmte Rituale – oft mit dem Tod assoziierte und als unrein geltende Stoffe wie Fäkalien – symbolisch in die Mitte geholt, damit man ihm Tribut zollen könne. Das geschehe vorbeugend, damit sich der Tod nicht „eigenmächtig" durch die Stiftung von Wahnsinn sein Recht verschaffe. Die Verunreinigungssymbole, die für die düsteren Aspekte der Wirklichkeit stehen, seien für diesen Vorgang ebenso unentbehrlich wie das Schwarz in der Malerei. „Daher kommt es, dass das Unreine ein notwendiger Bestandteil heiliger Orte und heiliger Zeiten ist", so Douglas.[24]

Bezeichnenderweise kann der Mechanismus der Abspaltung des „Unreinen" und dessen verdeckte Wiederkehr bis in die Gegenwart verfolgt werden, wie der Philosoph Robert Pfaller zeigt. In seinem Buch „Das schmutzige Heilige und die reine Vernunft" deutet er die heute seiner Ansicht nach bis ins Überwertige gehende Bekämpfung der Tabakkultur oder sexuellen Freizügigkeit als eine Art Vergötterung der „reinen Vernunft", die „Unreines" nicht dulde. Durch den weitgehenden Verlust des „Heiligen", das immer auch das Abseitige und Unfassbare getragen hat, entstehe demnach der Drang, alles Unreine absolut auszuschließen: Das, was nicht mit dem Ideal der „reinen“ Vernunft in Einklang gebracht werden kann, wird mit dem Furor des Verbietens abgespalten. Rigide Reinheitsvorschriften – z. B. im Umgang mit Tabak und Sex – sollen die Widersprüchlichkeit und Bedrohlichkeit der Wirklichkeit bannen. Durch die „Fixierung auf das Reine und Eigene“ in der Askese und Korrektheit soll das unheimliche Andere entmachtet und das Ambivalente in Schach gehalten werden. Doch diese Reinheit ist eine Illusion. Der verdrängte „Schmutz“ dränge in verdeckter Form wieder an die Oberfläche, unter anderem im Phänomen des Populismus, wie Pfaller bemerkt. Zwar rede der Populismus gern von „Ordnung“ – er wolle immer gern „Saubermachen“ oder „Aufräumen“, um diese Ordnung gegen eine Überflutung durch „Schmarotzer“ oder „Parasiten“ zu verteidigen –, aber in dieser „zutiefst zweideutigen Abwehr“ verschaffe sich das Abzuwehrende immer auch Durchbruch. „Der Populismus gibt den Saubermännern die seltene Gelegenheit, gerade in ihrer Sauberkeit einmal so richtig schmutzig zu sein. Als finstere Rassisten, als dumpf murrende Sozialneider, als Feinde von Kultiviertheit und Urbanität können sie so richtig ‚tief‘ werden und sich, in der Gemeinschaft der Gleichgesinnten, einmal wenigstens zeitweise abkoppeln von jenen gesellschaftlichen Idealen und Zielen, die sie selbst gleichwohl anerkennen und nicht in Frage stellen." Und weiter schreibt Pfaller: „Die zunehmende prüde Genussfeindlichkeit der westlichen Hochkulturen bildet darum eine Stütze für die Obszönitäten des Populismus und verschafft ihnen Aufmerksamkeit in den Medien (...)."[25]

Sinnvoller wären mehr Großmut und mehr Irrationalitätstoleranz. Dann würde auch das, was nicht dem Ideal der Vernunft entspricht, als Teil der Wirklichkeit anerkannt und ein Stück integriert. Man könnte da beispielsweise denken an das Kultivieren des Irrationalen im Kultischen und Künstlerischen, im Staunen und Spielen, in Faszination und Fantasie, in Euphorie und Ekstase, im Berauschenden und Betörenden, im Poetischen und Pathetischen, im Spirituellen und Sinndeuten, im Transzendenten, im Unerklärbaren und Unverfügbaren, im Grenzenlosen und Geahnten, im Zauberhaften und Zeichenhaften, im Unscharfen und Unheimlichen, im Wagnis und in Widerfahrnis, im Nicht-Verstehen und Nicht-Perfekten ...

So eröffnet sich die Chance, dass ein Bewusstsein von der Vielschichtigkeit und Unverfügbarkeit der Wirklichkeit als Ganzes entsteht und Resonanzen jenseits der Rationalität möglich werden. Auf diese Weise kann die Erkenntnis wachsen, dass die Wirklichkeit mehr ist als das Rationale und nicht zwanghaft „rein" gehalten werden muss, weil sie nie nur „rein" ist. Um mit

Ambivalentem und Vieldeutigem umzugehen, bedarf es daher einer gewissen Gelassenheit und Weitherzigkeit, eines Umgangs mit Abweichendem, der sich nicht auf das Verbieten fixiert. Gelingen könnte das etwa durch eine freie und offene Kunst, einen mutigen und breiten öffentlichen Diskurs, eine reife Religion. Mit einer gewissen Irrationalitätstoleranz könnte vielleicht gerade auch dem Populismus, der so meisterhaft die Wut gegen das zensierende Über-Ich zu mobilisieren weiß, ein wenig der Boden entzogen werden. So könnte eine dringend benötigte „Gelassenheitskultur“ wachsen, in der nicht permanent und treffsicher Spannungen geschürt, Empörungen angeheizt und Polarisierungen provoziert werden. Es könnte eine Atmosphäre entstehen, in der Abweichendes ausgehalten werden kann und multiperspektivische und sachliche Debatten jenseits von Reizworten geführt werden können. Entscheidend dafür ist neben der Großmut und der Ambivalenztoleranz auch, dass die Vernunft dort zum Zuge kommt, wo sie wirklich nötig ist: beim sachlichen Lösen von Problemen. Solche Sachlichkeit setzt voraus, dass die Beteiligten keine Scheingefechte führen, bei denen Vernunft in Irrationalität umschlägt und Debatten mittels des Schürens diffuser Affekte auf falsche Ebenen verlegt und so unlösbar gemacht werden.

Das heißt: Soziale Probleme sollten durch angemessene Sozialpolitik gelöst werden – und nicht durch das Anheizen von Ressentiments gegen die Nächstschwächeren. Klimaprobleme sollten durch angemessene Klimapolitik gelöst werden – und nicht durch das Ablenken der Debatte auf einzelne Protestierende oder andere Klimaschädiger. Gleichberechtigungsprobleme sollten durch eine faire Teilhabepolitik gelöst werden – und nicht durch Polemiken gegen geschlechtergerechte Bemühungen. Und so weiter.

Das einzige Pfund, mit dem Populisten und Fundamentalisten wuchern können, ist die Spaltung und die Überführung von Rationalität in diffuse Irrationalität. Das Gegenmittel besteht demnach logischerweise darin, sich nicht spalten zu lassen, auf sachliche Lösungen orientiert zu bleiben und das Bedürfnis nach Irrationalität auf anderen „Spielwiesen“ auszuleben. Das heißt vor allem, sich keine Scheindebatten aufnötigen zu lassen und Probleme dort zu lösen, wo sie verursacht sind. Gerechtigkeit, Anerkennung, Teilhabe befrieden eine Gesellschaft, entschärfen soziale Spannungen und beugen Spaltungen vor. Es müsste also darum gehen, sich nicht auf die Holzwege der Aufstachelung und des Gegeneinanders locken zu lassen, sondern den verführerischen Sirenen der Aufwiegler aller Couleur zu widerstehen, die nur auf den dumpfen Affekt der Rivalität und den billigen Stimmenfang setzen. Im stetigen Drehen der Mühle des Gegeneinanders werden Konflikte angeheizt, Neid und Missgunst genährt,

Ängste und Feindschaft geschürt und die Kräfte des Gemeinsamen ausgehebelt.

Es bräuchte stattdessen einen reifen Gemeinsinn, der sich nicht in Kulturkämpfen aufreiben lässt, sondern vielmehr den falschen Vereindeutigungen und Polarisierungen der Fundamentalisten und Populisten widersteht. Es geht darum, all den Lockrufen der Gewalt zu widerstehen und ein gemeinsames Band festzuhalten. Dafür darf man eben gerade nicht die Angriffe der Unfreiheit, des Hasses und der Ausschlussmentalität auf sich abfärben lassen und sich in die provozierte „Wir gegen Sie"-Gesellschaft treiben lassen. Dafür müsste stets der gemeinsame, universelle Horizont im Blick behalten und der Andere und das Andersartige verteidigt werden. Das Fragmentarische ist das zu akzeptierende und zu gestaltende Schicksal dieses Lebens. Und die Gestaltung und Aufrechterhaltung des Gemeinsamen ist die alles entscheidende Herausforderung.

Gefangen im Schmerz

Die Feindseligkeit des Ressentiments ist ein Rückzug in die Enge – in die Enge des eigenen Ichs, der eigenen Vorurteile und des eigenen Schmerzes. Das zeigt die französische Philosophin und Psychoanalytikerin Cynthia Fleury in ihrem Buch „Hier liegt Bitterkeit begraben", in dem sie schreibt: „Die einzige Fähigkeit des Ressentiments, in der es brilliert, ist: zu verbittern, die Persönlichkeit zu verbittern, die Situation zu verbittern, den Blick auf die Welt zu verbittern. Das Ressentiment verhindert die Öffnung, es verschließt, *es schließt aus*, kein Ausweg ist möglich."

Dabei gehe dem Ressentiment oft die Erfahrung des Ausgeschlossenwerdens voraus. Dieser Ausschluss werde dann derart verinnerlicht, dass man sich selbst als Opfer definiert und die Welt spaltet. „Das Ressentiment ist ein psychischer Trick, der darin besteht, zu glauben, dass der Fehler immer bei den anderen liegt und nie bei einem selbst", so Fleury. Das Ressentiment schneide auf diese Weise den Menschen von seinem Handeln ab. Er ist Gefangener seines Schmerzes.[26]

Für Fleury ist die Feindseligkeit demnach auch ein unglücklicher Versuch, das Tragische der Existenz, das im unvermeidbaren Schicksal des Getrenntwerdens besteht, zu bewältigen. „Geboren werden, heißt mangeln", bemerkt sie und beschreibt die Ur-Not des Menschen mit dem Satz: „Wir sind Getrennte." Unvermeidbar sei für den Einzelnen die Trennung von der Mutter und dem Vater, die „Trennung vom ozeanischen Schutz und der Reparatur". Wenn mit diesem Schicksal des Getrenntseins unreif umgegangen werde, könne es zur Quelle für Bitterkeit und Feindseligkeit werden, meint Fleury und spricht vom schicksalhaft notwendigen Verlassen der

Mutter (*la mère*) hin zum Offenen, zum Meer (*la mer*). Werde diese naturgesetzliche Trennung verweigert, verwandele sich die Mutter (*la mère*) in das Bittere (*l'amer*): „Das Phantasmatische der ursprünglichen Einheit, den für immer schützenden und liebenden Schoß zu verlassen, den ewigen Wunsch, beschützt werden zu wollen, zu überwinden, sind notwendige Handlungen, um das Ressentiment zu überwinden. Wir sind Getrennte (…), alleine und nicht beschützt.“ [27]

Doch oft wird das Untragbare dieses Getrenntseins bewältigt, indem ein Kampf gegen äußere Feinde geführt wird, die als Bedrohung des eigenen „Ungetrenntseins“ ausgemacht werden. Diese Feindseligkeit ist deshalb so tückisch, weil sie etwas im Außen bekämpft, was im Inneren gelöst werden müsste. Es ist eine blockierte Entwicklung, bei der der Mensch auf dem Weg von „der Mutter“ zum „Meer“ stecken geblieben ist und in der Bitterkeit kindlich-verengt verharrt – die unmögliche Illusion nährend, mit einem Kampf gegen äußere Feinde alle Verluste und Trennungen von der Fülle rückgängig machen zu können. Der Ausweg ist gleichermaßen klar wie schwierig: „Man muss das Bittere begraben. Und darauf wächst etwas anderes“, so Fleury.[28] Von der Gewalt müsste man sich dabei abwenden und dem Kreativen zuwenden.

Das Offene wählen

Wenn das Wesen der Verfeindung die Verbitterung, Verengung und Verschließung ist, erscheint für Cynthia Fleury also *die Öffnung* als der entscheidende Ausweg. Hierfür muss ihr zufolge das, was einen getroffen und verschlossen hat, begraben, also bewusst hinter sich gebracht werden. Entscheidend sei, selbst Verantwortung zu übernehmen und sich als Handelnder und Verwandelnder zu verstehen. Anstatt sich in blinder Wut auf eine Wiedergutmachung der Verletzung zu fixieren, müsse ein „Weg des Erschaffens“ eingeschlagen werden. Das heißt, sich von der Illusion einer vollständigen Reinheit und Wiederherstellung umfassenden Glücks zu verabschieden, so Fleury. Das Offene zu wählen, heißt demnach: „existieren (heraustreten), außerhalb des Ressentiments sein.“

„Gegen den Racheinstinkt steht also Schaffenskraft oder auch nur der Spieltrieb, der Würfelwurf, nicht der Würfel des Relativismus, sondern der Würfel der Auswege, der Möglichkeiten der Metamorphosen, der neu eröffneten Leben, die lahmgelegt schienen, von einer Öffnung befallen, die nur eine Wunde ist", schreibt Fleury. Es gelte also, herauszukommen aus dem „Register von Passivität-

Aggressivität", das „populistische Regime" präge.[29] Denn das Tückische ist: Letztlich wendet sich die so stark auf andere gerichtete Feindseligkeit gegen einen selbst: „Der Hass auf die anderen trocknet die Seele aus und macht jeden Bereich zu einer Wüste, und mehr noch unsere Fähigkeit zu vermitteln", so Fleury. Der Weg zur Emanzipation beinhalte auch: zwar sein Leid anzuerkennen, aber vor allem sich davon zu trennen, es hinter sich zu lassen, um aufzubauen – denn man müsse lernen, nicht mehr zu wiederholen, sich in der Wiederholung des Schmerzes nicht häuslich einzurichten; „man muss so auf etwas verzichten, was man zum Teil selbst war, aber nur zum Teil. Man muss sich davon überzeugen, dass das Selbst, das für die Öffnung, für die Zukunft bestimmt ist, nicht dort war."

Die Falle des Ressentiments, dieses Gefängnis des eigenen Schmerzes, muss also aktiv verlassen und auf etwas Neues zugegangen werden – ein neues Terrain, gleichsam eine Passage zum „Meer" betreten werden. Das heißt:

Statt den „Sturz des anderen“ anzustreben, sollte man „eine gemeinsame Geschichte erarbeiten, die Geschichte der humanistischen Zivilisation“.[30] Fleury erinnert in diesem Zusammenhang an den Psychiater und Vordenker der Entkolonialisierung Frantz Fanon (1925–1961), der einmal schrieb: „Es gibt auf beiden Seiten der Welt Menschen, die suchen.“ In der eigenen Entwicklungsarbeit gehe es ihm zufolge darum, aus den eigenen Identitäts- fallen herauszukommen, „um schließlich frei zu sein, um schließlich als Mensch zu existieren und nicht nur als dieser oder jener, diese Frau, dieser Schwarze, dieser andere“. Der Mensch sei Bewegung hin zur Welt und zu seinen Mitmenschen, so Fanon.[31]

Man entkommt demnach der Bitterkeit und der Feindseligkeit, indem man sich nicht der Illusion der Reinheit unterwerfe und sich nicht vom „Lockruf des Dunklen“ verführen lasse, sondern „dem Ruf des offenen Meeres“ folge – im Bunde mit all den Menschen, die auch bereit sind, das Bittere zu begraben und etwas anderes darauf wachsen zu lassen. So könne die Bitterkeit in Süße verwandelt werden. Drei Wege seien Fleury zufolge dafür hilfreich: *der Humor* (die vis comica), der eine Umkehrung der Angst erlaube; *die Kunst* und *die Freundschaft* – diese „gestatten zwei Dinge: die Schaffung einer gemeinsamen Welt und die Ich-Erweiterung“.[32]

Das Schicksal des Getrenntwerdens und das Leben in einer Welt, durch die ein Riss geht, ist ein Ur-Thema der Menschheit. Es wird in vielen Mythen beschrieben und verarbeitet. So bringt auch die Bibel diese Grundverfeindung des Lebens in ein mythisches Grundbild: Die Schöpfung war am Anfang eine Harmonie der Ordnung, ein Reich der Fülle, des Friedens und der Einheit, ein Ort der Verbundenheit und des förderlichen Zusammenwirkens jenseits von Gewalt, Zerstörung, Feindschaft und Tod. Genannt wurde dieser Ort: das Paradies, das Friedensreich, der „Garten Eden“. Vom „Garten Eden“ heißt es im sogenannten ersten Schöpfungsbericht der Bibel: „Und Gott sah an alles, was er gemacht hatte, und siehe, es war sehr gut“ (Genesis 1,31). Bis es zum Bruch kommt, von dem der sogenannte zweite Schöpfungsbericht erzählt: Die Grundspaltung – die Entfremdung des Menschen von Gott und sich selbst durch das verbotene Essen vom „Baum der Erkenntnis des Guten und Bösen“ auf Geheiß der Schlange. Zur Strafe wird der Mensch aus dem Garten Eden verwiesen und in die Realität der Feindschaft, der Gegensätze, der Unterwerfung und des Todes gestoßen. Aus der Einheit stürzt der Mensch in die Welt der Aufspaltung und Zerrissenheit und ist fortan der Feindlichkeit eines Lebens *jenseits von Eden* unterworfen.

Der Tod und die Feindschaft sind die Prägesiegel dieses neuen Lebens außerhalb des Gartens Eden, zu dem die Engel mit dem Flammenschwert den Menschen den Zutritt verwehren.

Die neue Feindschaft ist eine Feindschaft mit der Natur, mit den Mitmenschen, mit Gott. Zur Schlange spricht Gott: „Feindschaft stifte ich zwischen dir und der Frau, zwischen deinem Nachwuchs und ihrem Nachwuchs“ (Genesis 3,15). Und zur Frau spricht Gott: „Auf deinen Mann richtet sich dein Verlangen. Doch er wird dich beherrschen“ (Genesis 3,16). Zum Mann spricht Gott: „Verflucht ist der Ackerboden um deinetwillen. (…) Im Schweiße deines Angesichts sollst du das Brot essen, bis du zum Acker zurückkehrst, von dem du genommen bist“ (Genesis 1,17.19). Und zum Brudermörder Kain spricht Gott: „Verflucht seist du auf der Erde. (…) Unstet und flüchtig sollst du sein auf Erden“ (Genesis 4,11f.).

Die Feindschaft nimmt ihren Lauf und treibt schließlich die nachfolgenden Generationen und Völker auseinander. Der Ahnvater Noah verflucht die Generationsfolge seines Enkels Kanaan (Genesis 9,25). Und nach der Anmaßung des „Turmbaus zu Babel“ kommt es zur großen Verwirrung der Völker, die sich buchstäblich nicht mehr verstehen: „So sprach der Herr: Wohlauf, lasst uns herniederfahren und dort ihre Sprache verwirren, dass keiner des anderen Sprache verstehe! So zerstreute sie der Herr von dort in alle Länder, dass sie aufhören mussten, die Stadt zu bauen“ (Genesis 11,7f.).

Es scheint, als sei der Mensch in eine Welt geworfen, in der „Ent-Brüderlichung“, Neid, Missgunst, Zwietracht, Konkurrenz, Gewalttätigkeit, Hass und Krieg die dominierenden Kräfte sind – eine Welt der Spannungen und Spaltungen. Der Riss der Polarisierung, der Gegnerschaft, der Feindschaft durchzieht die Welt. Es ist, als nähme Gott sein ursprüngliches Schöpfungsurteil „Siehe, es ist sehr gut“ (Genesis 1,31) zurück, wenn es nach all der Gewalt und den Zerwürfnissen heißt: „Als aber der Herr sah, dass der Menschen Bosheit groß war auf Erden und alles Dichten und Trachten ihres Herzens nur böse war immerdar, da reute es ihn, dass er die Menschen gemacht hatte auf Erden und es bekümmerte ihn in seinem Herzen“ (Genesis 6,5f.).

Und doch, so heißt es weiter, nimmt Gott sein daraus folgendes Ansinnen, den Menschen und die Schöpfung zu vertilgen, zurück und setzt nach der Sintflut die Dimension der Gnade und Versöhnung mitten hinein in die Wirklichkeit der zerrissenen Schöpfung. „So spricht Gott: Ich will hinfort nicht mehr die Erde verfluchen um der Menschen willen; (…) Und ich will hinfort nicht mehr schlagen alles, was da lebt, wie ich es getan habe“ (Genesis 8,21f.).

Dennoch bleiben die Gewalt und die Kriege unter den Völkern eine andauernde Realität, die die Bücher des Ersten Testaments durchzieht. Die hier beschriebenen Kriegstoten und Kriegsgräuel sind kaum fassbar. Die Bilanz der in der Bibel beschriebenen Kriege ist blutig und maßlos. In der erzählten Geschichte des Volkes Israel ist der Krieg „zu einer starken und immer stärkeren Störung des Heilsseins geworden", wie es der Theologe Claus Westermann einmal formulierte.

Doch als Gegenkraft taucht immer wieder die Sehnsucht nach Frieden auf, hebräisch: *Shalom* – ein Begriff, der mehr als vierhundert Mal im Ersten Testament vorkommt. Dieser Frieden bedeutet mehr als die Abwesenheit kollektiver Gewalt, er meint vielmehr ein umfassendes Heil-Sein, die „Unversehrtheit, die Ganzheit eines Gemeinschaftsverhältnisses", wie der Bibelwissenschaftler Gerhard von Rad es nannte. Jerusalem/Zion wird in der Geschichte Israels immer stärker zum Symbol dieser Sehnsucht nach umfassendem Frieden, dessen Wesen es ist, dass er auf Recht und Gerechtigkeit gründet und den Krieg überwindet (Jesaja 2,3f.) Mitten hinein in die verfeindete Realität zeichnen die Propheten Israels eine kommende Zukunft, in der Gerechtigkeit, Völkerfrieden und Schöpfungsfrieden herrschen. Dieser Wille Gottes wird als Sog vom Kommenden her auch für die Gegenwart eingefordert. Gott verbürgt sich für diesen großen

Frieden und die Überwindung des Krieges, wenn er ankündigt: „Ich will Bogen, Schwert und Rüstung im Lande zerbrechen und will sie sicher wohnen lassen" (Hosea 2,20). Die Mahnung der Propheten lautet: Schon heute sollen die Menschen aus dieser Zukunft schöpfen, indem sie ihre Beziehungen zu Mitmenschen und Mitgeschöpfen befrieden und der Gewalt entsagen. Das Prinzip der Feindschaft soll nicht die letztgültige Wirklichkeit sein, sondern nach und nach entmachtet werden. Das Prinzip Gottes wird als Gegenprinzip zum herrschenden Gewaltprinzip der Menschen in die Welt getragen. Das heißt: Die vorfindliche Realität der Feindschaft wird auf einen Horizont der Heilung und des Friedens hin überschritten.

Die eigentliche Zeitenwende

Dieses Anliegen der Propheten wird später zum zentralen Kern des „zweiten Bundes" Gottes – der Geschichte von Jesus Christus. Er ist die Verkörperung der von den Propheten erträumten geheilten Zukunft Gottes. Schon die Geburt Jesu wird programmatisch mit dem Ruf der Engel „Friede auf Erden" (Lukas 2,14) verbunden. Die Erde bleibt nicht der Gottesferne überlassen, sondern wird wiederverbunden mit dem heilen Ursprung und dem geheilten Ziel. Die Zeit wendet sich – hin auf die geheilte

Wirklichkeit Gottes. Diese bezeichnete Jesus als „Reich Gottes“ – die Wirklichkeit einer umfassenden Liebe, einer großen Versöhnung, einer unendlichen Güte, die die Risse und tödlichen Verfeindungen überliebt.

Dabei ist diese Zeitenwende Jesu alles andere als Traumtänzerei. Denn Jesus wird in die friedlose Zeit der militärischen Besatzung Israels durch die übermächtigen Römer hinein geboren. Diese nahmen für ihre blutige
Politik auch den Begriff „Frieden“ in den Mund: *pax romana* – ein völkerunterwerfender Gewaltfrieden, der sich vor allem in endlosen Steuererhebungen und Enteignungen durch die Besatzungsmacht zeigte. Jesus meinte dagegen eine anders geartete Friedensordnung. Sinnbildlich hierfür ist der von den Evangelien beschriebene demonstrative Einzug Jesu in Jerusalem auf einem Esel kurz vor seiner Gefangennahme. Auf einem Esel, entwaffnend unbewaffnet, zieht Jesus ins Zentrum der damaligen weltlichen und religiösen Macht, um eine Friedenslogik in Gang zu setzen. Es ist ein Gegenbild zu den waffenstrotzenden Bildern des politischen Geschehens. Nicht hoch zu Ross und waffenbewehrt zieht Jesus ein, nicht machtvolle Stärke und Dominanz demonstrierend. Jesus kommt nicht so, wie es viele erwarteten, die darauf hofften, dass da endlich einer komme, um den römischen Besatzern die Stirn zu bieten und als „König der Juden“ das Reich Davids wieder groß zu machen. Im Gegenteil:

Auf einem einfachen Esel reitet Jesus ein, ohne Streitwagen und Schwert, erinnernd an den Propheten Sacharja, der angekündigt hat: „Siehe, dein König kommt zu dir sanftmütig und reitet auf einem Esel …" Damit sich erfülle, was mit dem Kommen des Messias verheißen ist: „Denn ich will die Wagen wegtun aus Ephraim und die Rosse aus Jerusalem, und der Kriegsbogen soll zerbrochen werden. Denn er wird Frieden gebieten den Völkern" (Sacharja 9,10). Der martialischen Militarisierung wird etwas entgegengesetzt, der Einschüchterung durch Stärke und abschreckende Tötungskapazitäten wird entsagt und der anderen Friedensmacht Gottes Raum gegeben. Als neue Strategie des Friedens gilt das Wagnis der Sanftmut und Gewaltlosigkeit. Mit dieser Logik des Friedens eröffnet Jesus eine Perspektive, die die ewigen Spiralen des Blutvergießens unterbricht: durch das Abschwören von der Gewalt als Mittel zur Konfliktlösung und durch die Suche nach Lösungen auf dem Weg des Gewaltverzichts und der Entfeindung. Denn Böses kann nicht mit Bösem überwunden werden. Die christliche Lektion heißt: Frieden kommt nicht durch Macht, Könige und Soldaten, sondern durch Herrschafts- und Gewaltverzicht. Frieden kommt durch Entfeindung.

Das Kernstück des Friedens, den Jesus meint, stellt die Bergpredigt im Matthäusevangelium vor: das Programm einer aktiven Gewaltlosigkeit. Eröffnet wird sie mit dem

Satz: „Selig sind, die Frieden machen: sie werden Söhne Gottes geheißen werden“ (Matthäus 5,9). Der Neutestamentler Hans Weder betont den aktiven Anspruch dieser Seligpreisung: „Hier zählen Worte nichts, nur die Tat ist maßgebend: hier zählen nur die faktisch am Leben gelassenen Feinde, die tatsächlich gegessenen Milchsuppen, die real gelungenen Verzichtsleistungen auf alltägliche Gewaltanwendung.“ Entscheidend sei, so Weder, dass hier nicht von einem zukünftigen Traum die Rede ist, sondern vom Hier und Jetzt: Jenseits und Diesseits, Himmel und Erde werden miteinander verschränkt. Als Friedensmacher sei man „Gottes Kind“ und verbunden mit der Erlösungsmacht Gottes.

Dieses *Friedenmachen* ist eng verbunden mit den folgenden Geboten der Feindesliebe und des Gegengewaltverzichts: „Der Streitende seinerseits macht Frieden, indem er auf die Durchsetzung seines Rechts verzichtet. Der Geschädigte macht Frieden, indem er auf Wiedergutmachung verzichtet. Der Gehasste macht Frieden, indem er den Hassern seine Liebe nicht entzieht. Oder mit einem Wort gesagt: Die Schaffung des Friedens, welche Jesus seligpreist, hat nach Maßgabe der Feindesliebe zu geschehen. (…) Statt Frieden so zu stiften, dass ich alle anderen meinem Frieden unterwerfe, wird der Friede dadurch gemacht, dass ich den Unfrieden, gleichgültig wie er entstanden ist, auf mich nehme. Frieden machen heißt:

Abkommen von der Distanznahme, auch von der Distanznahme zum Übeltäter und Gottesverächter“, schreibt Hans Weder.[33]

Womit der radikale Kern der Botschaft Jesu erreicht wäre: die Feindesliebe. Sie bildet das innere Zentrum der Bergpredigt und reiht sich ein in folgende Forderungen: „Ihr habt gehört, dass gesagt ist: ‚Auge um Auge, Zahn um Zahn.‘ Ich aber sage euch, dass ihr dem Bösen nicht widerstehen sollt, sondern: wenn dich jemand auf deine rechte Backe schlägt, dem biete auch die andere dar. Und wenn jemand mit dir rechten will und dir deinen Rock nehmen, dem lass auch den Mantel. Und wenn dich jemand nötigt, eine Meile mitzugehen, so geh mit ihm zwei. Gib dem, der dich bittet, und wende dich nicht ab von dem, der etwas von dir borgen will. Ihr habt gehört, dass gesagt ist: ‚Du sollst deinen Nächsten lieben und deinen Feind hassen. Ich aber sage euch: Liebet eure Feinde und bittet für die, die euch verfolgen, damit ihr Kinder seid eures Vaters im Himmel. Denn er lässt seine Sonne aufgehen über Böse und Gute und lässt regnen über Gerechte und Ungerechte“ (Matthäus 5,38–45).

Diese Anweisungen wollen das menschliche Beziehungsgefüge von der Verstrickung in die Teufelskreise von Rivalität und Gewalt grundsätzlich befreien, indem der Gewalt gewaltfrei begegnet, Vergebung vorauslaufend und maßlos gewährt und Feindschaft verweigert wird.

Polarisierungen sollen nicht verschärft, sondern überstiegen werden – durch den öffnenden Bezug auf Gott, dem alle Spannungen und Unterscheidungen zwischen Guten und Bösen, Gerechten und Ungerechten anheimgestellt werden: „Denn er lässt seine Sonne aufgehen über Böse und Gute und lässt regnen über Gerechte und Ungerechte" (Matthäus 5,45). Das „Programm" der Bergpredigt öffnet jene Verengungen in sozialen Konflikten, die verlässlich zu Spaltung, Rache, Gewalt und Gegengewalt führen. Die Gebote der Entfeindung gehen an die Wurzel des Problems, an das Eskalationsprinzip: Sie lösen die polarisierte Aufspaltung der Welt in „Gute" und „Böse" auf und übergeben die Polarisierung an Gott. Nun lassen sich die Wirklichkeiten und Kollektive nicht mehr sauber zweiteilen. Nun ist „das Gute" und „das Böse" nicht mehr in totaler und absoluter Weise auf zwei Seiten zu projizieren. Jesus von Nazareth dekonstruiert das vielen Konflikten zugrundeliegende polarisierte Muster der Weltdeutung, indem er die Polarisierung selbst transzendiert und sie der Dimension übergibt, in der die beiden Pole, die Guten und die Bösen, die Gerechten und die Ungerechten zusammengehalten werden. Es ist nicht am Menschen, diese Zweiteilung und das Richten über „Gut" und „Böse" zu übernehmen. Deshalb heißt es kurz darauf in der Bergpredigt:

> „Richtet nicht, damit ihr nicht gerichtet werdet. Denn nach welchem Recht ihr richtet, werdet ihr gerichtet werden; und mit welchem Maß ihr messt, wird euch zugemessen werden. Was siehst du aber den Splitter in deines Bruders Auge und nimmst nicht wahr den Balken in deinem Auge? Oder wie kannst du sagen zu deinem Bruder: Halt, ich will dir den Splitter aus deinem Auge ziehen?, und siehe, ein Balken ist in deinem Auge. Du Heuchler, zieh zuerst den Balken aus deinem Auge; danach sieh zu, wie du den Splitter aus deines Bruders Auge ziehst“ (Matthäus 7,1–5).

Gott steht ein für die Ganzheit und zieht die Spannungen und Spaltungen auf sich, um einen Raum der Befriedung unter den Menschen zu eröffnen und all die menschlichen Zweiteilungen aufzuheben. Die Bergpredigt möchte die Menschen und Gruppen aus den Spaltungen und Projektionen herausführen und damit überhaupt erst die Möglichkeit schaffen, andere Ableitungen als die der gewaltförmigen Verfeindung und Bekämpfung machen zu können. Frieden hängt somit nicht vom anderen, sondern von einem selber ab – davon, ob ich selbst in diese aktive Gewaltlosigkeit und Entfeindung eintrete und zunächst den „Balken“ im eigenen Auge entferne und die eigenen Friedenshindernisse ausräume; aus der Gewaltspirale aussteige und Spielräume und Möglichkeiten *jen-*

seits der Spaltung und Gewalt suche. Die Zeitenwende besteht in diesem Ausstieg aus dem Muster der Gewalt.

So gilt Frieden nicht länger als ferne Utopie, sondern als rettende Möglichkeit in der Gegenwart. Sie wird von demjenigen eröffnet, der es wagt, seine Projektionen und Polarisierungen zu übersteigen, den eigenen Beitrag zum Frieden zu erkennen, der Gewalt zu entsagen und auf die größere Kraft der Macht Gottes und die heilende Macht
der Versöhnung und Vergebung zu vertrauen. Das Gottesreich wird so Wirklichkeit – in der erfahrenen und gelebten Liebe der Christen: „*Siehe, das Reich Gottes ist mitten unter euch*" (Lukas 17,21).

Die Christen sollen also keine Botschaft *haben*, sondern eine Botschaft *sein*. So bestand die Religion der ersten Christen in der praktizierten Vergebung und Versöhnung, in der ausgeweiteten Liebe, im prinzipiellen Gewaltverzicht – in der *gelebten* Wahrheit der Einzelnen. Eine Verweigerung der Bergpredigt würde somit bedeuten, Gott die Einflussnahme auf diese Welt zu verweigern. Die Bergpredigt ist das „himmlische" Programm einer universalen Güte, die das „teuflische" Programm der Welt durchbricht, das immer wieder Böses mit Bösem zu überwinden versucht und es dabei verunendlicht. Die Bergpredigt ist die Eröffnung eines Prinzips, das nicht von dieser Welt zu sein scheint – und es wohl auch nicht ist. Denn Jesus sagt: „*Meinen Frieden gebe ich euch – einen Frieden, wie ihn die Welt nicht geben kann*“ (Johannes 14,27). Dieser Frieden Gottes ist höher als alle Vernunft (Philipper 4,7). Zu ihm eröffnet Jesus einen Zugang durch die Kraft eines unbedingten Vertrauens und Geborgenseins in der größeren Liebe Gottes. So können Feindschaften durch eine größere Liebe „überliebt“ werden. Die Feindesliebe gründet also nicht in der Kraft des Menschen, in seinem natürlichen Wesen, sondern in der Kraft Gottes, zu der Jesus von Nazareth wieder einen Zugang eröffnet hat.

Das betont auch der Neutestamentler Ulrich Luz, der die Bergpredigt ausdrücklich nicht als Gipfel der „natürlichen“ Menschenliebe versteht, sondern als eine Lebensweise, zu der der auferstandene Jesus die Einzelnen bemächtigt. Die Frage sei also nicht, so Luz, ob die Feindesliebe taktisch oder psychisch realistisch sei, „sondern ob die in ihr vorausgesetzte Erfahrung von Gnade so tragfähig ist, dass der Mensch zu solcher Liebe frei werden kann.“[34] Dieser Punkt kann in seiner Bedeutung kaum hoch genug eingeschätzt werden: Die Bedingung für eine universale Liebe – selbst dem Feind gegenüber – gründet in der tiefen Erfahrung eines inneren „Befriedetseins“, eines Geborgenseins in Gott, in dem die Angst in Vertrauen gewandelt wird. Diese größere Liebe ist es, die das Überwinden der menschlichen Gräben ermöglicht. Verfeindung, Gewalt, Unterwerfung, Vergeltung sind dann

nicht mehr die letztgültigen Mächte dieser Welt, sondern vorletzte Mächte, die darauf warten, von der umfassenden und unendlichen Liebe Gottes überliebt zu werden. Die geheilte Wirklichkeit der guten Mächte Gottes, die uns „treu und still umgeben“ (Dietrich Bonhoeffer), bricht gewissermaßen hervor und zeigt ihre Wirksamkeit. Der Himmel steht offen. Es sind andere Kräfte eröffnet als die bloß weltlichen. So kann die teuflische Verkettung der
Gewalt und Gegengewalt an einer Stelle unterbrochen werden und an einer anderen Stelle neu angefangen werden. „Gott“ erscheint hier als das Prinzip des Hindurchsteigens durch irdische Verstrickungen zu einer tiefen und verwandelnden Liebe. Das erscheint letztlich als ein im weitesten Sinne mystisches Geschehen.

Eine Ahnung davon vermittelt die in der Zeit des Nationalsozialismus verfolgte niederländische Jüdin Etty Hillesum (1914–1943) in ihren Tagebüchern. Inmitten der finsteren Zeit der Verfolgung wächst sie in eine Art mystisches Geborgensein hinein: die Perspektive einer größeren Liebe. So kann sie sogar durch ihre Peiniger „hindurchschauen“ und einen höheren Standpunkt des Verbundenseins einnehmen. Sie war überzeugt, dass jeder Mensch in seinem Inneren an der Überwindung der Macht des Bösen arbeiten könne – und dadurch auch in der Welt an der Überwindung des Bösen mitwirkt. So empfand sie nach einer erlittenen Demütigung und

Einschüchterung durch einen Gestapobeamten nicht Angst oder Hass, sondern Mitleid und den Drang zu verstehen, warum dieser Mensch so handelt. Sie glaubte daran, dass darauf hingewirkt werden müsse, *das Böse im Menschen* auszurotten und nicht *den Menschen selbst*. Sie notiert in ihr Tagebuch: „Außerdem an diesem Morgen: die überaus starke Empfindung, dass ich trotz allen Leids
 und Unrechts, das überall geschieht, die Menschen nicht hassen kann." Für sich selbst formuliert sie es als Aufgabe, das Chaos der Zustände hinter sich zu lassen und sich „in eine höhere Ordnung einzufügen", ein mystischer Vorgang, den sie durch das Meditieren beförderte, um zu erreichen, „dass man sich innerlich zu einer großen Ebene ausweitet, ohne all das heimtückische Gestrüpp, das die Aussicht verhindert. Dass etwas von ‚Gott' in einem erwächst." Zu einem Freund sagte sie einmal: „Ich sehe wirklich keine andere Lösung, als sich dem eigenen Inneren zuzuwenden und dort all das Schlechte auszurotten. Ich glaube nicht daran, dass wir an der äußeren Welt etwas verbessern können, solange wir uns nicht selbst im Inneren gebessert haben." Das bedeutet: „Man muss vieles aus sich herausreißen und ausrotten, damit für die großen Gefühle und Verbundenheiten in ihrer geschlossenen Gesamtheit ein unbegrenzter weiter Raum frei wird, ohne dass sie ständig von Reaktionen niederer Ordnung durchkreuzt werden." Ermöglicht wird dies für Hillesum

durch ein Ruhen in „Gott“: „Und so fühle ich mich nun, immer und unablässig: als ob ich in deinen Armen läge, mein Gott, so beschützt und geborgen und so von Ewigkeitsgefühl durchtränkt.“ „Gott“ kann sie nicht länger als eine ferne metaphysische Instanz denken, sondern als ein Geschehen, das sich in Menschen und durch Menschen ereignet: „Ich will dir helfen, Gott, dass du mich nicht verlässt, aber ich kann mich von vornherein für nichts verbürgen. Nur dies eine wird mir immer deutlicher: dass du uns nicht helfen kannst, sondern dass wir dir helfen müssen, und dadurch helfen wir uns letzten Endes selbst. Es ist das einzige, auf das es ankommt: ein Stück von dir in uns selbst zu retten, Gott.“ So wächst Hillesum in eine immer entgrenztere Liebe hinein und kann kurz vor ihrer eigenen Deportation und Ermordung in Auschwitz in einer Art Gebet schreiben: „In alle Lager von ganz Europa möchte ich kommen, an allen Fronten möchte ich sein, ich will gar nicht in sogenannter Sicherheit sein, ich will doch dabei sein, ich will an allen Orten, wo ich bin, ein wenig Verbrüderung zwischen den sogenannten Feinden stiften, ich will begreifen, was geschieht, ich möchte, dass so viele Menschen, wie ich erreichen kann (…) das Weltgeschehen aus meiner Sicht begreifen können.“[35]

Wohlgemerkt trat die Botschaft Jesu von Gewaltverzicht und Feindesliebe nicht in einem unpolitischen Raum auf. Sie war auch eine Kontrastbotschaft zu den Formen des gewaltsamen Widerstands gegen die römische Besatzung, die durch bestimmte jüdische Guerillagruppen praktiziert wurden. „Jesu Verkündigung war eine Alternative zum ‚zelotischen' Widerstand und zu den essenischen Phantasien vom zukünftigen großen Krieg", betont der Neutestamentler Gerd Theißen.[36] Gewaltsamer Aufstand und Mord sollten für Christen ausdrücklich *keine* Optionen sein. Dem setzte Jesus das Bemühen entgegen, Vergeltung, Gewalt und Hass zu überwinden durch den Sprung aus den menschlichen Begierden in die Dimension Gottes. „Feindesliebe ist Nachahmung Gottes, der über Böse und Gute seine Sonne aufgehen und über gerechte und Ungerechte regnen lässt. Dieses Handeln Gottes umfasst die ganze Schöpfung. Das spricht gegen jede Einschränkung der Feindesliebe", so Theißen.[37] Jesus selbst und die Jesusbewegung sowie die ersten Generationen der Christen lebten in diesem Geist offenbar eine „demonstrative Wehrlosigkeit" (Theißen) – aus der Gewissheit und Sicherheit heraus, Teil des anbrechenden „Reiches Gottes" zu sein, das zeichenhaft im Leben der Jesusnachfolger beginnt: in gelebter Versöhnung und Vergebung, in praktiziertem Gewalt- und Vergeltungsverzicht, in Heilungen und Solidarität.

Für die Theologin Hildegund Keul ist der „Weg freiwilliger Verwundbarkeit“ der entscheidende neue Impuls des Christentums für die Welt und in gewisser Weise eine Werterevolution. Denn die Menschwerdung Gottes – ein großes „Wagnis der Verwundbarkeit“ – stelle die dominierenden Werte der Stärke, Sicherheit, Wehrhaftigkeit, Selbstdurchsetzung, Konkurrenz und Ausschließung infrage. Jesus mache sich in seinem Leben, das das Risiko der Verwundbarkeit eingeht, zum demonstrativen Beispiel: „Jesus verwundet nicht andere, sondern er lässt sich verwunden bis in den Tod. Er wechselt nicht die Seiten und verrät diejenigen nicht, die seine Hinwendung brauchen. Hier wird eine Alternative sichtbar zur Gewalt, die unter Menschen herrscht. Sie besteht in der Liebe, die zur Hingabe bereit ist und die *eigene* Verwundbarkeit nicht scheut. In diesem Gekreuzigten ist Gott selbst Mensch geworden“, schreibt Keul.[38] In vielen Symbolen, Mythen, Riten, Haltungen und Handlungen wird nun die gängige Maxime „Sicherheit durch Stärke“ ersetzt durch freiwillige Verletzlichkeit, Gewaltverzicht, Kooperation, Austausch, Verbundenheit. Die übliche Überzeugung, das Leben könne nur durch ein hohes Gewaltpotenzial, durch Wehrhaftigkeit, Abschreckung, Abschottung und Stärke gesichert werden, wird als gefährliche Illusion entlarvt. Denn diese gewaltvollen Maßnahmen zum Selbstschutz könnten sich schnell „wie ein Bumerang“ auch gegen das Eigene richten, so Hildegund Keul, die diese Strategien „Herodes-Strategien“ nennt – in Anspielung auf den zur Zeit Jesu herrschenden König Herodes, der aus Angst vor der als „Geburt eines neuen Königs“ bezeichneten Jesusgeburt Tausende Neugeborene seines Machtgebiets umbringen ließ. „Herodes-Strategien sind kontraproduktiv. Sie verlagern Konflikte und verschärfen sie, statt Lösungen anzugehen. Das Gewaltpotenzial steigt und kann jederzeit aktiviert werden“, so Keul.[39] Demgegenüber plädiert sie dafür, Selbstschutz und Hingabe in eine verantwortliche Balance zu bringen. Die christliche Theologie biete dafür einen Weg, indem sie den Gedanken wagt, „freiwillig eigene Verwundbarkeit zu riskieren“ und so „eine andere Macht ins Spiel zu bringen“. Diese Macht, die als Gnade ganz anders funktioniert als die Macht der Mauern, Grenzen und Waffen, diese „Andersmacht aus Verwundbarkeit“ sei dort am Werk, wo Menschen sich hingebungsvoll einsetzen für ihre Mitmenschen, die in Not geraten sind. Wenn die eigene Verwundbarkeit riskiert werde, um das gefährdete Leben anderer zu schützen, werde eine andere Form der Sicherheit, eine andere Stärke gewonnen – eine Stärke, „die den Gewaltspiralen der Verwundbarkeit widersteht“.[40] Dann werde aus Schwachheit Stärke.

So kann die Erfahrung möglich werden: „Leben wächst, wenn man zu geben bereit ist.“[41]

Auch für den Kulturwissenschaftler René Girard (1927–2015) stellt die Bergpredigt eine Kulturrevolution dar: die entscheidende Erlösung aus den Begehrens- und Gewaltzirkeln der Menschen. „Man soll dem potentiellen Rivalen das Streitobjekt lassen und die gewaltsame Eskalation, die geradewegs zu den Sündenböcken führt, im Keim ersticken. Das ist die einzige Regel des Reiches Gottes“, schreibt Girard.[42] Der Ausweg aus der Gewalt heißt: Liebe statt Opfer, Nachgeben statt Rivalität, Ertragen statt Zurückschlagen, Gewaltverzicht statt Gewaltableitung auf Unschuldige, Gewaltlosigkeit statt Gegengewalt, Hingeben statt Aneignen, Freigeben statt Blutopfer. Die Worte der Bergpredigt von der Feindesliebe, vom Nichtzurückschlagen und vom Geben des ganzen Mantels sind für Girard Reaktionsversuche auf Provokationen des Bösen, auf den Versuch eines anderen, sein Gegenüber in die teuflische Dominanz-Unterwerfungs-Spirale hineinzuziehen und Gründe für die Rechtfertigung eigener Gewaltanwendung zu finden:

„Es ist der größte Wunsch dieser Bösen, uns aufs Äußerste zu reizen, um uns in den Prozess eines gewalttätigen gegenseitigen Überbietens mit hineinzuziehen. Im Grunde tun sie ihr Bestes, um Repressalien zu provozieren, die ihre späteren Wutausbrüche rechtfertigen sollen.

Sie sind bestrebt, sich mit ‚Notwehr' zu entschuldigen. Wenn wir sie so behandeln wie sie uns, tarnen sie ihre Ungerechtigkeit bald als Repressalien, die unsere Gewalt vollkommen gerechtfertigt habe. Man muss ihnen das negative Zusammenwirken, das sie von uns verlangen, verweigern", schreibt René Girard. Man dürfe dem Gewalttätigen nie gehorchen, so Girard, und das nicht nur, weil sie uns zum Bösen verleiten, sondern auch, weil allein unser Ungehorsam jenes kollektive Unternehmen abbrechen könne, das immer die schlimmste Gewalt sei und sich wie eine ansteckende Krankheit ausbreite. „Allein das von Jesus empfohlene Verhalten kann die beginnende Eskalation im Keim ersticken. Noch einen Augenblick, und es ist zu spät", mahnt Girard. Es dürfe demnach nicht das geringste Zugeständnis an den „Geist der Repressalien", an den Geist der Nachahmung gemacht werden. Diesen Geist der Rivalität, das Spiel auf Sieg-oder-Niederlage gilt es wie ein ansteckendes Virus zu meiden. Denn er ist in seinen Folgen verheerend und unbeherrschbar und übersteigt immer den Preis, der sonst zu zahlen wäre. Das gelte insbesondere in der heutigen globalisierten Welt, in der die ansteckende Gewalt des Begehrens und die Zerstörungsmacht der menschlichen Gewalt derart zugenommen habe, dass der Verzicht auf Gewalteskalation zur unhintergehbaren Bedingung des Überlebens werde.[43]

Der jüdische Theologe Pinchas Lapide (1922–1997) prägte übrigens für das Programm der Bergpredigt den Begriff „Entfeindungsliebe“: „Jesu Angebot zielt also darauf ab, den Feind zunächst in unserer Voreingenommenheit zu ent-dämonisieren, ja, zu entfeinden, in der Zuversicht, dass unsere Neu-Einstellung seine Feindseligkeit entgiften werde“, schreibt Lapide in seinem Buch „Entfeindung leben?“[44]. Das „Prinzip Entfeindung“ beschreibt er als „die Ausmerzung aller Verteufelung der Gegenseite“. „Entfeindungsliebe“ heiße, „die Feindschaft zu bekämpfen – aber nicht den Feind“. Wenn die Bergpredigt Jesu in der Aufforderung „Widersteht dem Bösen nicht!“ (Matthäus 5,39) gipfelt, bedeute dies keineswegs Nachgiebigkeit gegen das Böse, „sondern den Sieg über das Böse, dem Du nicht auf seinem eigenen Boden entgegentrittst, sondern ihm überlegen bleibst, indem Du Unrecht mit Recht, Lüge mit Wahrheit und Gewalt mit Geist bekämpfst“, schreibt Lapide und ergänzt: „Du sollst größer sein als das Böse – und die Bösen –, um beide zu überwinden, aber auch um zu überleben!“[45]

Dies scheint der entscheidende Punkt zu sein: Dem Bösen nicht auf seinem eigenen Boden und mit seinen eigenen Mitteln und Logiken entgegenzutreten und sich auf diese Weise mit seiner Logik zu infizieren. Vielmehr gilt es, den Boden des Bösen nicht zu betreten, dem Bösen gegenüber abstinent zu bleiben, sich zu

„desidentifizieren“, sich nicht seine Logik aufzwingen zu lassen oder seine Mittel zu übernehmen. Diese bewusste Distanzierung eröffnet den entscheidenden Ausweg: die Unterbrechung von Gewaltkreisläufen, Lügenspiralen, Rachezirkeln, Eskalationsschüben, Zerstörungsdynamiken, in denen „das Böse“ schließlich so groß und umfassend mächtig wird, dass es alles mit sich reißt und auch „das Gute“ korrumpiert. Denn es wird nun gänzlich nach den Spielregeln des Bösen gespielt und die sich selbst verstärkenden Muster des Bösen dominieren schließlich das ganze Feld. Es ist eben einfach nicht möglich, das Gute mit den Mitteln des Bösen durchzusetzen, ohne dass es dabei selbst böse würde. Lässt man sich vom Bösen auf dessen Boden ziehen und sich in seine Denk- und Handlungsmuster hineinverstricken, nährt man das Böse und wird letztlich Teil seiner Dynamik. Gutes und Böses werden dann nach und nach immer ununterscheidbarer.

Wird man also in ein Feld der Gewalt gezwungen, ist es entscheidend, nicht selbst derartig gewaltförmig zu werden und sich der Regie dieses Feldes zu überlassen, sondern sich diesem Muster bewusst zu entziehen, die Identifikation mit ihm zu vermeiden und entschieden einer anderen Logik zu folgen. So kann eine *andere* Macht als die des Bösen wirksam und Teil der Wirklichkeit werden. Nur die Anwendung einer *anderen* Logik läuft nicht

Gefahr, das dominante Muster zu vervielfachen und umfassend wirksam zu machen.

Den Begriff der „Desidentifikation" prägte übrigens Judith Butler in ihrem Buch „Die Macht der Gewaltlosigkeit" und bezog ihn auf den Umgang mit einer herrschenden Tyrannei: Wenn in der vorfindlichen Realität eine immer stärker werdende Destruktivität dominiere, müsse man sich von diesem Tyrannischen „desidentifizieren" und die Realität auf eine „Gegen-Realität" hin übersteigen, in der Gewaltfreiheit, Gleichheit und Zusammengehörigkeit zählen. Die Kraft für diese Gegen-Realität gründe in einer bewussten „Desidentifikation" mit dem herrschenden Machtprinzip und in einem Netzwerk der Solidarität. Desidentifikation sei ein „Widerstand gegen die Mächte der Selbstzerstörung und ein Weg zur Sicherung des Weiterlebens des Organismus" – sie stehe „für ein anderes, ein künftiges Leben".[46]

Ein gelebtes Beispiel dafür waren Christen während der friedlichen Revolution 1989 in der DDR, als sie in besonderer Weise innerhalb eines Kraftfelds der Gewalt der Gewaltlogik entsagten und damit dazu beitrugen, dass die dramatischen Ereignisse gewaltlos verliefen. Insbesondere an jenem entscheidenden 9. Oktober 1989 in Leipzig, als die Zeichen auf Sturm und die Gewaltfrage auf Messers Schneide standen, brachten Christen bewusst eine andere Logik als die der vorgezeichneten

Gewalt ins Spiel. Die Staatsmacht stand hochgerüstet in den Seitenstraßen und wartete auf den Befehl zum Eingreifen, während sich Zehntausende Menschen nach den Friedensgebeten aus den Innenstadtkirchen herausbewegten und eine Großdemonstration auf dem Leipziger Ring bildeten. Entgegen der dominierenden Logik der Gewalt konnte an diesem Tag die andere Logik der Gewaltlosigkeit eine innere Verwandlung der Situation herbeiführen und das existierende Kraftfeld der Gewalt entscheidend in Richtung Enthaltung von Gewalt verändern. Dass dies gelungen ist, dürfte wohl auch am entschiedenen Festhalten zahlreicher Christen an dem Prinzip der Gewaltlosigkeit gelegen haben. So antwortete der damalige Nikolaikirchen-Pfarrer Christian Führer (1943–2014) einmal auf die Frage, warum die Revolution friedlich geblieben sei: „Weil der Geist Jesu die Menschen ergriffen hat und zu einer friedlichen Gewalt wurde, sodass sie nicht geschlagen haben, wenn sie geschlagen wurden." Und der Leipziger Kabarettist Bernd-Lutz Lange erklärte sich die Vorgänge so: „Auf diesen friedlichen Protest, auf den Ruf ‚Keine Gewalt', (…) auf Gebete und Kerzen war die Staatsmacht nicht eingerichtet. Diese massenhafte Friedfertigkeit hat sie letztlich gelähmt."[47] Insbesondere müssen hierbei auch die Menschen gewürdigt werden, die schützende Kerzenketten an besonders gefährdeten Orten bildeten. So erinnert sich der Zeitzeuge Martin

Jankowski in seinem Buch „Der Tag, der Deutschland veränderte“ an die Situation vor der Stasizentrale „Runde Ecke“: „Aktivisten mit Schildern, auf denen ‚Keine Gewalt‘ stand, achteten darauf, dass niemand die Kerzenlinie überschritt.“[48] Auch wurden vor den Friedensgebeten Flugblätter mit Aufrufen zur Gewaltlosigkeit verteilt und in allen Ansprachen in den vier Innenstadtkirchen die Anwesenden auf die unbedingte und konsequente Gewaltfreiheit eingeschworen. Es war eine Art Bewährungsprobe der Bergpredigt. So sagte Pfarrer Gotthard Weidel am 9. Oktober in der Nikolaikirche:

> „Jeder Zuhörer, jeder Teilnehmer an dieser Andacht hat die große Aufgabe, ein Werkzeug des Friedens zu sein. Der Geist des Friedens muss aus diesen Mauern herausgehen. Achtet darauf, dass die uniformierten Männer nicht angepöbelt werden. Sorgt dafür, dass keiner Lieder oder Losungen anstimmt, die die Staatsmacht provozieren müssen. Nehmt die Steine aus der Hand, die sich in der geballten Faust befinden.“[49]

Und Pfarrer Hans-Jürgen Sievers (1943–2019) sagte zeitgleich in der Reformierten Kirche:

> „Ich möchte noch einmal um strikte Gewaltlosigkeit bitten. Wenn wir ein gutes Ziel haben, muss auch der

> Weg dahin ein guter sein und müssen die Mittel, die wir anwenden, gut sein."[50]

Für Friedrich Schorlemmer war letztlich die praktizierte christliche Entfeindungsliebe der Schlüssel für das gewaltlose Gelingen der Revolution:

> „Die Sprecher der Opposition (…) haben sich meist in den Kirchen getroffen. Sie konnten den Machthabern vermitteln: Wir werden euch nicht aufhängen. Ihr werdet auch in den neuen Verhältnissen leben können. Das hieß zugleich: Ihr müsst jetzt nicht schießen, um euer Leben zu retten. Sondern ihr könnt hinterher auch noch leben."[51]

Zu einer ähnlichen „Desidentifikation" mit dem Gewaltprinzip fand die weltweite ökumenische Christenheit nach den Erfahrungen zweier Weltkriege, als sie den Krieg als Option grundsätzlich verabschiedete und delegitimierte. Auf der Gründungsversammlung des ökumenische Weltkirchenbundes 1948 in Amsterdam wurde formuliert: „Krieg soll nach Gottes Willen nicht sein. Krieg als Methode zur Beilegung von Konflikten ist unvereinbar mit den Lehren und dem Beispiel unseres Herrn Jesus Christus." Angesichts der ungeheuerlichen modernen Waffensysteme und der entwickelten Atombombe sei die Lehre nicht mehr aufrechtzuerhalten, „dass man für eine gerechte Sache einen gerechten Krieg mit gerechten Mitteln führen könnte". Und auf der Ökumenischen Versammlung in Basel 1989 hieß es: Christi „Absage an Gewalt fließt aus der Liebe, die sogar den Feind sucht, um ihn zu verwandeln und sowohl Feindschaft wie Gewalt zu überwinden". Diese Liebe ziehe den Feind in eine Beziehung des Friedens hinein. „Auch wenn wir das Problem der Selbstverteidigung und die Pflicht des Staates zum Schutz seiner Bürger anerkennen, sind wir immer noch konfrontiert mit Leben, Lehre und Vorbild Jesu Christi." Und weiter heißt es: „Nationale militärische Verteidigungsmittel können in der heutigen Welt keine Sicherheit mehr garantieren. Die Institution des Krieges muss abgeschafft werden. Wir brauchen eine Weltfriedensordnung."[52]

Möglicherweise ist es tatsächlich von entscheidender Bedeutung, den Krieg als Option kategorisch auszuschließen und nicht mehr zum politischen Repertoire der Zivilisation zu zählen. Denn die in Kauf genommene Zerstörung und Auslöschung ist durch nichts zu rechtfertigen. Dieses Ausschließen der Kriegsoption kann beim Einzelnen beginnen, indem er sich an sein Gewissen als letzte und höchste Instanz bindet – und auf die inneren Skrupel hört, die sich regen können, wenn mittels der Kriegslogik eine Entgrenzung der Gewalt in Kauf genommen wird und Menschen zu abstrakten „Menschenmaterial" und

„Kollateralschäden“ gemacht werden. Denn im Krieg gilt das Leben des Soldaten und das der Gegner und aller innerhalb dieses Feldes der Gewalt Befindlichen nicht mehr als unbedingt geschützt, nicht mehr als sakrosankt, sondern als gewissermaßen zum Abschuss freigegeben. Das Leben des Einzelnen stellt dann keinen unverfügbaren *Wert an sich* mehr dar, sondern wird zu einem *Zweck* für das höhere Ziel des militärischen Erfolgs gemacht, zur Kapazitätsgröße der Stärke der eigenen Seite oder zur unschützbaren Größe innerhalb der Kampfhandlungen. Die Grenze der Unantastbarkeit des menschlichen Lebens wird überschritten und eine für Beteiligte und Unbeteiligte unbeherrschbare Dynamik entfesselt. Dann ergreift diejenigen Menschen ein Erschrecken und Entsetzen, die sich innerlich an die unbedingte Unantastbarkeit jedes einzelnen Lebens gebunden fühlen. Angesichts der immer neuen Volten der Gewalt und Gegengewalt eines Krieges, angesichts des Einsatzes immer stärkerer und perfiderer Waffen und Waffensysteme, die immer größere Kreise der Zerstörung ziehen, regt sich der begründete Zweifel, dass diese Kaskaden der Gewalt am Ende zu etwas Guten führen können. Es steigt eine Scheu auf vor der Schädigung und Vernichtung von Menschen auf *allen* Seiten. Ein Skrupel, der die Oberfläche des gepanzerten Feindeshasses durchbricht – ein Skrupel, der hinter dem kollektiven Feind die einzelnen Menschen sieht und hinter den abstrakten Waffengattungen deren konkrete Wirkung: die zerfetzenden, verbrennenden, verglühenden, verröchelnden, verreckenden Getroffenen dieser Waffen auf allen Seiten. Es ist so, wie es Sigmund Freud 1932 in seinem Brief an Albert Einstein ausgedrückt hat:

> „Warum empören wir uns so sehr gegen den Krieg, Sie und ich und so viele andere, warum nehmen wir ihn nicht hin wie eine andere der vielen peinlichen Notlagen des Lebens? (…) Die Antwort wird lauten, weil jeder Mensch ein Recht auf sein eigenes Leben hat, weil der Krieg hoffnungsvolle Menschenleben vernichtet, den einzelnen Menschen in Lagen bringt, die ihn entwürdigen, ihn zwingt, andere zu morden, was er nicht will, kostbare materielle Werte, Ergebnis von Menschenarbeit, zerstört und anderes mehr."[53]

Es geht bei dieser Kultivierung des Skrupels und der Rückbindung an Gewissensregungen darum, den fatalen Illusionen der Militärlogik und ihrer siegesgewissen Rhetorik etwas entgegenzusetzen: nämlich den berechtigten und begründeten Zweifel daran, dass mit den überbietenden Zerstörungen und immer höherer Tötungskapazität eine Lösung von Konflikten, ein Frieden erreicht werden könne. Wer nimmt sich das Recht, derart über einzelne Menschenleben zu entscheiden und sie in die eskalierte

Kriegsdynamik hineinzuwerfen? Wer verantwortet die Toten? Wer redet vom Preis des Heldentums? Wer von den unzähligen in Kauf genommenen Opfern? Wer erinnert in dem blinden Vertrauen auf die Macht des Militärischen an dessen Abseite: daran, dass die Logik des Krieges für viele, die ihr zu folgen haben, im Zinksarg endet. Ein erloschenes Menschenleben, viel zu früh beendet, geopfert für einen „höheren Zweck", unwiederbringlich ausgelöscht? Wer erinnert daran, dass dabei so viele weitere Beteiligte und Unbeteiligte, Soldaten und Zivilisten, Gute und Böse, Gerechte und Ungerechte, Frauen und Kinder in Not und Tod gerissen werden?

Es muss demgegenüber immer wieder neu betont werden: Krieg schafft keinen Frieden. Er kann es einfach nicht. Krieg ist nichts Edles und Sinnvolles, auch wenn das durch die Geschichte hindurch bis heute stets und immer wieder und in allen Tönen jede beteiligte Kriegsseite für sich vollmundig in Anspruch nimmt. Krieg ist immer ein schreckliches Monster, das immer schlimmer wütet, je mehr es genährt wird. Jeder Versuch, ihn angeblich präzise und gezielt als verlängertes Mittel der Politik einzusetzen, ist bislang gescheitert. Er ist und bleibt offenbar immer Teil von jener Kraft, die vorgeblich stets das Gute will und dabei doch stets das Böse schafft. Der Krieg ist nicht ordnungsstiftend und friedenbringend, sondern destruktiv und gewalteskalierend.

Wohlgemerkt: Eskalation und grenzenlose Destruktion sind nicht versehentliche Ausrutscher des Krieges, sondern sein Wesen. Das hat Sigmund Freud 1915 scharfsichtig so beschrieben:

> „Er (sc. der Krieg) wirft nieder, was ihm im Wege steht, in blinder Wut, als sollte es keine Zukunft und keinen Frieden unter den Menschen nach ihm geben. Er zerreißt alle Bande der Gemeinschaft unter den miteinander ringenden Völkern und droht eine Erbitterung zu hinterlassen, welche eine Wiederanknüpfung derselben für lange Zeit unmöglich machen wird."[54]

Es ist so, wie Alexander Kluge einmal schrieb:

> „Der Krieg ist ein Dämon, der sich der Herrschaft derer, die ihn anzetteln, ebenso entzieht wie den Wünschen derer, die ihn bekämpfen. (…) Ist der Krieg ausgebrochen, hört die Herrschaft über ihn auf. ‚Krieg duldet keinen Vorgesetzten'."[55]

Da sich dieses Phänomen immer und immer wieder beobachten lässt, ist mit Judith Butler zu fragen: „Was, wenn Gewalt eben die Art von Phänomen ist, das immer wieder ‚außer Kontrolle' gerät?" Und sie ergänzt:

> „Gewalt erschöpft sich nicht in der Verwirklichung eines gerechten Zwecks, sondern erneuert sich vielmehr in Richtungen jenseits von Intention und instrumenteller Planung. (…) Wenn wir Gewalt ausüben, erschaffen wir damit eine Welt mit mehr Gewalt."[56]

Wenn dem so ist, müsste alles dafür getan werden, die Gewalt zu unterbrechen, einzudämmen, zu minimieren und zu verhindern, anstatt sie zu nähren, zu vervielfältigen und zu verunendlichen.

Auch Cynthia Fleury problematisiert diese gefährliche Entgrenzungsdynamik der Gewalt. Als Ultima Ratio sei sie zwar ihrer Ansicht nach „in ihren ersten Bekundungen eine Form von Gesundheit, eine Ablehnung des Unannehmbaren". Aber: „Nach dieser Zeit der Reaktion muss sie sich notwendig in einer sublimierten Form neu erfinden und etwas anderes schaffen." Denn Gewalt sei „keine Dynamik des Aufbaus", sondern „die Kraft der Zerstörung". Gewalt enthalte die maschinelle und tödliche Kraft der Wiederholung. Stattdessen müsste es in einer lösungsorientierten „Therapie" darum gehen, „das künftige Leben zu ermöglichen, individuell und kollektiv, und das Unumkehrbare abzulehnen, das eine Gewalt erzeugen kann, der sich nichts widersetzt".[57]

Hinzu kommt, wie Hanna Segal bemerkt, dass sich in der Kriegsvorbereitung und im Krieg die Wirklichkeitswahrnehmung, die Vorstellungen und die Sprache derartig verzerren, dass eine abschüssige Bahn zu immer mehr Realitätsblindheit, Wahn und Gewaltentfesselung entsteht. Das betrifft nicht nur die oben beschriebene spaltende Projektion, mit der die eigene Seite idealisiert und der Feind dämonisiert wird, womit man sich von Mitgefühl und Sorge abschneidet. Auch geschieht in der Dynamik der Kriegsvorbereitung und -führung eine derartige Realitätsverzerrung, dass Gefahren nicht mehr gesehen, sondern geradezu heraufbeschworen werden. Das betrifft vor allem auch das Kleinreden der Gefahren der Anwendung nuklearer Waffen durch die verharmlosende Rede von „Nuke“ (heute zum Beispiel auch das Sprechen von „Mini-Nukes“). „All diese Worte verdecken die absolute Destruktivität der Geschehnisse und lassen sie bewältigbar erscheinen, unaggressiv, ja niedlich“, so Segal. Die schlimmste Täuschung sei allerdings verbunden mit dem Glauben an die Abschreckung und die Idee eines gerechten Krieges: „Wir wollen noch immer nicht wahrhaben, dass mit dem Aufkommen der nuklearen Waffen die Idee eines gerechten Krieges oder die Verteidigung kultureller Werte bedeutungslos geworden ist, denn der Krieg würde alle Werte zerstören.“ Statt aber diese Ideen der Abschreckung und des gerechten Krieges endgültig zu überwinden und sich mit den damit verbundenen wirklichen Schrecken der Vernichtung zu konfrontieren, würden diese Schrecken im Kriegsmodus mittels „schizophrener Abwehrmöglichkeiten“ verleugnet. Dann wird gesagt: „Es wird nicht geschehen“ oder „es wird schon nicht so schlimm sein“, „ein Krieg kann begrenzt“ oder „kann gewonnen werden“, so Segal. „Oder wir fliehen in die emotionale Verleugnung und stellen uns blind.“ Dabei sei vor allem die Abschiebung der Verantwortung auf die Regierenden fatal. Denn diese böten nur die Ausflucht in den Größenwahn: „Wir möchten uns gerne groß und mächtig fühlen und glauben, dass wir unserem Feind Angst einjagen können. Aber wir vergessen, wie gefährlich ein Feind sein kann, der Angst hat.“[58]

Deshalb müssen immer und immer wieder Skrupel vor der Anwendung von Gewalt und Krieg kultiviert werden – und zwar von denjenigen, denen das Leben als heilig gilt und die sich unbedingt an letzte rote Linien gebunden wissen: An den menschheitlichen Urimperativ „Du sollst nicht töten“. Deshalb kommt es auf den Einzelnen an. Dass er sich beständig und beharrlich in Werten jenseits der Kriegslogik und in seinem Gewissen gründet. Denn nur so wäre er fähig, sich der machtvollen und blendenden militärischen Rhetorik wirksam zu entziehen, sodass die täuschende Darstellung des Krieges und der Gewalt als edel, friedenstiftend, konfliktlösend und alternativlos durchschaut und zurückgewiesen werden kann.

Für Menschen, die sich an diese letztgültigen Werte, die die Gewissensregungen und Skrupel anzeigen, gebunden fühlen und alternative Wege suchen, ist es deshalb entscheidend, sich konsequent *außerhalb* der militärischen Logik zu halten und eine grundsätzliche „Desidentifikation" mit der Logik und Institution des Krieges herzustellen. Es geht dabei auch um eine Lehre aus der unendlich blutigen Geschichte der Menschheit, die sich immer und immer wieder in den Kriegswahn gestürzt hat. Der Preis ist zu hoch.

Es ist deshalb zutreffend, was Alexander Kluge in seiner „Kriegsfibel 2023" schreibt: Gegen den Krieg hilft keine Gegengewalt, sondern nur die Unterbrechung und das Aufspüren von „Möglichkeitsräumen". Der Gegenbegriff zum Krieg sei deshalb nicht „Frieden", sondern „Anti-Krieg": „die Neugier auf das Unerwartete und das ganz Unwahrscheinliche, die Sinne, die ihre Sensoren auf die Zukunft richten, die Zukunft, die noch geboren werden will."[59]

Es ist die Botschaft fast jeder Kriegsgeneration und die der Bergpredigt zumal, dass *der Krieg an sich*, der Krieg als Option prinzipiell ausgeschlossen und mit einem absoluten Bann belegt werden muss; dass sich jeder Einzelne grundsätzlich dem Krieg verweigern und sich nicht von ihm aufsaugen lassen sollte, indem er sich strikt außerhalb der militärischen Logik und Praxis hält. Das lässt sich nicht nur aus christlich-religiösen Überzeugungen, sondern auch aus der humanistischen Vernunft und einer universalistischen, zivilisatorischen Ethik heraus begründen, im Atomzeitalter allzumal. Denn wird – durch welche Hintertür und welchen Schachzug auch immer – der Krieg legitimiert und für gerecht erklärt, stehen Tür und Tor für seine infektiöse und monströse Dynamik offen und die rettende Spur der alternativen Logiken und Wege verweht im Sturm der Zerstörungen. Entscheidend ist dabei, sich auf die innere Integrität des eigenen Wesens, des eigenen Gewissens, der eigenen Überzeugung und Einsicht, des eigenen Fühlens und Empfindens und die Rückbindung an höhere Werte zu verlassen und sich in einem Feld, das von Gewalt bestimmt ist, gleichsam zu immunisieren gegen den grassierenden Sog der Gewalt und Kriegslogik. Kraft der inneren Wahrheit wäre dann eine andere Position zu beziehen und in der gemeinsamen Realität präsent zu halten – und damit den Zugang zu erweiterten Optionen zu öffnen. Es gilt dabei, beharrlich eine andere Vision in der Welt zu halten, wie Frieden sein könnte und diese Vision auch zu leben – durch Entmachtung des Feindschaftsprinzips, durch Brückenschläge, durch Verbindendes, durch Verstehen und Versöhnen, durch Überwindung selektiver Menschlichkeit, durch das Übersteigen von Hass- und Rachegefühlen. Aus diesem Geist heraus erscheint die prinzipielle

Überwindung der Logik und Institution des Krieges als eine notwendige und unaufschiebbare Menschheitsaufgabe.

Stellvertretend für die vielen Menschen, die wussten und wissen, was Krieg wirklich ist, seien hier die mahnenden Worte Wolfgang Borcherts (1921–1947) zitiert, sein berühmtes Vermächtnis mit dem Titel „Dann gibt es nur eins“ aus dem Jahr 1947, nur wenige Wochen vor seinem Tod geschrieben:

> Du. Mann an der Maschine und Mann in der Werkstatt. Wenn sie dir morgen befehlen, du sollst keine Wasserrohre und keine Kochtöpfe mehr machen – sondern Stahlhelme und Maschinengewehre, dann gibt es nur eins:
> Sag NEIN!
> Du. Mädchen hinterm Ladentisch und Mädchen im Büro. Wenn sie dir morgen befehlen, du sollst Granaten füllen und Zielfernrohre für Scharfschützengewehre montieren, dann gibt es nur eins:
> Sag NEIN!
> Du. Besitzer der Fabrik. Wenn sie dir morgen befehlen, du sollst statt Puder und Kakao Schießpulver verkaufen, dann gibt es nur eins:
> Sag NEIN!
> Du. Forscher im Laboratorium. Wenn sie dir morgen

befehlen, du sollst einen neuen Tod erfinden gegen das alte Leben, dann gibt es nur eins:

Sag NEIN!

Du. Dichter in deiner Stube. Wenn sie dir morgen befehlen, du sollst keine Liebeslieder, du sollst Hasslieder singen, dann gibt es nur eins:

Sag NEIN!

Du. Arzt am Krankenbett. Wenn sie dir morgen befehlen, du sollst die Männer kriegstauglich schreiben, dann gibt es nur eins:

Sag NEIN!

Du. Pfarrer auf der Kanzel. Wenn sie dir morgen befehlen, du sollst den Mord segnen und den Krieg heiligsprechen, dann gibt es nur eins:

Sag NEIN!

Du. Kapitän auf dem Dampfer. Wenn sie dir morgen befehlen, du sollst keinen Weizen mehr fahren – sondern Kanonen und Panzer, dann gibt es nur eins:

Sag NEIN!

Du. Pilot auf dem Flugfeld. Wenn sie dir morgen befehlen, du sollst Bomben und Phosphor über die Städte tragen, dann gibt es nur eins:

Sag NEIN!

(…)

Du. Mutter in der Normandie und Mutter in der Ukraine, du, Mutter in Frisko und London, du, am

Hoangho und am Mississippi, du, Mutter in Neapel und Hamburg und Kairo und Oslo – Mütter in allen Erdteilen, Mütter in der Welt, wenn sie morgen befehlen, ihr sollt Kinder gebären, Krankenschwestern für Kriegslazarette und neue Soldaten für neue Schlachten, Mütter in der Welt, dann gibt es nur eins:
Sagt NEIN! Mütter, sagt NEIN!
Denn wenn ihr nicht NEIN sagt, wenn IHR nicht nein sagt, Mütter, dann:
(…)
dann wird der letzte Mensch, mit zerfetzten Gedärmen und verpesteter Lunge, antwortlos und einsam unter der giftig glühenden Sonne und unter wankenden Gestirnen umherirren, einsam zwischen den unübersehbaren Massengräbern und den kalten Götzen der gigantischen betonklotzigen verödeten Städte, der letzte Mensch, dürr, wahnsinnig, lästernd, klagend – und seine furchtbare Klage: WARUM? wird ungehört in der Steppe verrinnen, durch die geborstenen Ruinen wehen, versickern im Schutt der Kirchen, gegen Hochbunker klatschen, in Blutlachen fallen, ungehört, antwortlos, letzter Tierschrei des letzten Tieres Mensch – all dieses wird eintreffen, morgen, morgen vielleicht, vielleicht heute Nacht schon, vielleicht heute Nacht, wenn – – wenn – – wenn ihr nicht NEIN sagt.[60]

Dass und wie sich Gewalt in einer gewaltförmigen Situation entgrenzen kann, hat der US-amerikanische Sozialpsychologe Stanley Milgram (1933–1984) wissenschaftlich untersucht. In seinem berühmten Experiment zur Gehorsamsbereitschaft gegenüber Autorität hat er nachgewiesen, dass die große Mehrzahl der Durchschnittsmenschen sich von angeblichen Autoritäten und vermeintlich gerechtfertigten Befehlen dazu bewegen lässt, andere Menschen schwer zu misshandeln und diese Gewaltanwendung tendenziell bis zum Äußersten gehen zu lassen. Bei dem Experiment mussten Versuchspersonen auf Geheiß eines „Lehrers" Stromschläge bei einem „Schüler" auslösen, wenn dieser einen Fehler bei der gestellten Aufgabe macht. Milgram wies dabei nach, dass es nur weniger Faktoren bedarf, um der Gewaltanwendung eines ganz gewöhnlichen Menschen Tür und Tor zu öffnen – und dass innerhalb dieser Situation eine tendenziell grenzenlose Gewalt möglich und wahrscheinlich wird. Der entscheidende Faktor ist dabei der Gehorsam, also das Abtreten der Selbststeuerung und eigenen Verantwortlichkeit für das Handeln an andere Autoritäten – also die Verabschiedung des eigenen Gewissens und das Sich-Überlassen der Macht und Befehlsgewalt einer vermeintlich legitimierten Führungskraft. Milgram schreibt:

„Das Wesen des Gehorsams drückt sich in der Tatsache aus, dass ein Mensch dahin kommt, sich selbst als Werkzeug zu verstehen, das den Willen eines anderen Menschen ausführt, und sich selbst nicht mehr als verantwortlich anzusehen für das eigene Handeln. Dieser Seitenwechsel im Selbstverständnis ist der Angelpunkt der gesamten Gehorsamsproblematik: Hat ein Mensch erst einmal diese entscheidende Wendung vollzogen, dann treten bei ihm alle Wesensmerkmale des Gehorsams auf. Die Anpassung des Denkens, die Bereitschaft zur Teilnahme an grausamen Handlungen und die Kategorien der Rechtfertigung, die sich ein Mensch im Zustand des Gehorchens aufbaut, sind im Wesentlichen ähnlich; die äußeren Umstände spielen dabei keine Rolle, mag es sich nun um ein psychologisches Laboratorium handeln oder um den Kontrollraum einer Abschussbasis für Interkontinentalraketen."[61]

Frappierend bei Milgrams Experiment ist die Erkenntnis, dass es keiner allzu komplexen Begründungen für die Bereitschaft bedurfte, den Befehlen zu Untaten zu gehorchen. Es genügte eine Autorität, die behauptete, das Recht zu besitzen, über die Beteiligten die Kontrolle auszuüben, so Milgram. Das Ergebnis: Beinahe zwei Drittel seiner Versuchspersonen fielen unter die Kategorie

„gehorsam" und zeigten die umfassende Bereitschaft, auf den Befehl der Autoritätsperson hin beinahe alles zu tun. „Viele gehorchen dem Versuchsleiter, gleichgültig, wie heftig das Opfer unter Schock auch fleht, gleichgültig, wie schmerzhaft die Schocks zu sein scheinen, gleichgültig, wie sehr es darum bittet, erlöst zu werden."[62] Dabei betont Milgram, dass die Versuchspersonen dies nicht aus persönlicher Aggressivität taten, sondern aus dem Gefühl von Verpflichtung, aus Gehorsam heraus. Das, was Gewissen oder individuelles Moralgefühl genannt wird, könne demnach sehr leicht „außer Betrieb" gesetzt werden. „Ein paar Änderungen in den Schlagzeilen der Zeitungen, die Einberufung zum Militär, Befehle von einem Mann mit Epauletten – und man bringt Menschen ohne große Schwierigkeiten dazu, zu töten. (…) Im Krieg fragt ein Soldat nicht, ob es gut oder schlecht sei, ein Dorf zu bombardieren; er empfindet angesichts einer solchen Vernichtung nicht Scham oder Schuld, eher Scham oder Stolz, je nachdem, wie gut er die ihm übertragene Aufgabe erfüllt hat"[63], so Milgram, der auch daran erinnert, dass dieser Verlust des persönlichen Verantwortungsgefühls und die Bereitschaft zu Gehorsam und grausamem Handeln auf Anordnung einer Autorität nicht nur ein Problem in totalitären Staaten sei: „Der Import und die Versklavung von Millionen schwarzer Menschen, die Vernichtung der indianischen Bevölkerung Amerikas, die

Internierung japanischer US-Bürger, der Einsatz von Napalm gegen Zivilisten in Vietnam – alle diese Aktionen waren grausam und entsprangen der Autorität einer demokratischen Nation, und man begegnete ihnen mit dem erwarteten Gehorsam."[64] Es ist die militärische Logik, das Prinzip des Militärischen, das den Menschen die Verantwortlichkeit für das eigene Handeln verlieren lässt. Persönliche Moral wird dann zugunsten der Erfüllung eines größeren und umfassenderen Ziels aufgegeben.

Um diese Situation herzustellen, die die Gewalthemmschwellen senkt und eigenes Verantwortungsgefühl auflöst, benötigt es Milgram zufolge nur weniger „Maßnahmen": Zuerst müsse dieser Mensch von seinem Standort *außerhalb* des militärischen Autoritätssystems an einen Standort *innerhalb* dieses Systems gebracht werden; die militärische Ausbildung solle dann jeden Rest von Individualität und Autonomie beseitigen und den Einzelnen der Organisation unterordnen; sodann werde eine Art „höherer Zweck" des militärischen Einsatzes vermittelt: „Den Soldaten wird erklärt, dass die Leute, die sie in der Schlacht treffen werden, Feinde der Nation seien und dass das Land in Gefahr sei, wenn sie nicht vernichtet würden. Die Situation wird so definiert, dass eine grausame und inhumane Aktion gerechtfertigt erscheint." In der tatsächlichen Kampfessituation werde dann die Aufrechterhaltung von Disziplin und Gehorsam zu einer Überlebensfrage und die Situation so definiert, dass sich der Soldat nur für patriotisch und mannhaft halten kann, wenn er sich fügt: „Man hat ihm aufgetragen, andere Menschen für die gute Sache zu töten." Einzelne gewissensgeplagte Abweichler werden als „Gefahr für die Funktionsfähigkeit des Militärs" betrachtet und „isoliert oder hart bestraft, um Nachahmung zu entmutigen". So findet ein Krieg dann auch nicht sein Ende durch Gehorsamsverweigerung Einzelner, sondern durch eine veränderte Politik der Regierung. Im Vietnamkrieg wie auch in seinem Experiment habe sich Stanley Milgram zufolge die Fähigkeit des Menschen offenbart, „seine Menschlichkeit abzustreifen, ja geradezu die Unvermeidlichkeit, dass er dies tut, wenn er seine individuelle Persönlichkeit mit übergeordneten institutionalen Strukturen verbindet". Dies sei ein fataler Defekt, den die Natur uns Menschen eingebaut habe, und der auf lange Sicht unserer Art nur eine bescheidene Überlebenschance lasse.[65]

Um seine Analysen zu veranschaulichen, zitiert Milgram in seinem Buch ein Interview mit einem ehemaligen US-Soldaten, der im Vietnamkrieg am Massaker von My Lai beteiligt war:

„**Frage:** *Wie viele Leute haben Sie zusammengetrieben?*

Antwort: Also, das waren ungefähr vierzig bis fünfzig, die wir in der Dorfmitte zusammenbrachten. Und wir ließen sie dort, und es war wie eine kleine Insel, dort genau in der Mitte des Dorfes, würde ich sagen … Und …

Frage: *Was für Leute – Männer, Frauen, Kinder?*

Antwort: Männer, Frauen, Kinder.

Frage: *Säuglinge?*

Antwort: Säuglinge. Wir drängten sie zusammen. Wir ließen sie niederhocken, und Leutnant Calley kam rüber und sagte: ‚Sie wissen doch, was Sie mit denen zu tun haben, oder?' Und ich sagte ‚Ja'. Ich glaubte, er wollte, dass wir sie nur bewachen sollten. Und er ging weg und kam zehn, fünfzehn Minuten wieder zurück und sagte: ‚Wieso habt ihr sie noch nicht umgelegt?' Ich sagte ihm: ‚Ich glaubte nicht, dass Sie wollen, dass wir sie umlegen,sondern dass wir sie bewachen.' Er sagte: ‚Nein. Ich will sie tot sehen.' Also …

Frage: *Sagte er das zu allen von Ihnen, oder zu Ihnen besonders?*

Antwort: Also ich stand vor ihm. Aber die anderen drei, vier Männer hörten es, und er ging vier, fünf Meter zurück und begann sie zu erschießen. Und er befahl mir zu schießen. Also begann ich zu schießen. Ich schickte ungefähr vier Magazine voll in die Gruppe rein. (…)

Frage: *Und Sie töteten wie viele? Damals?*

Antwort: Also, ich feuerte mit Automatik, darum kann man nicht sagen – man bestreicht einfach bloß das

Gebiet, also kann man nicht sagen, wie viele man getötet hat, weil es so schnell ging. Also habe ich vielleicht zehn oder fünfzehn davon getötet.

Frage: *Männer, Frauen und Kinder?*

Antwort: Männer, Frauen und Kinder.

Frage: *Auch Säuglinge?*

Antwort: Auch Säuglinge.

Frage: *Okay. Was war dann*?

Antwort: Dann trieben wir noch mehr Leute zusammen, und wir hatten so sieben oder acht und wir wollten sie in die Grube stecken, und wir warfen eine Handgranate zu ihnen runter. (...)

Frage: *Warum taten Sie das?*

Antwort: Warum tat ich das? Weil ich den Befehl dazu hatte und glaubte, es tun zu müssen, und zu der Zeit sah es für mich so aus, dass ich das Richtige tue, weil ich, wie schon gesagt, Kumpel verloren habe. Ich habe einen verdammt guten Kumpel verloren, Bobby Wilson, und das machte mir zu schaffen. Und als ich es gemacht hatte, fühlte ich mich prima, aber später am gleichen Tag ging es mir doch an die Nieren.

Frage: *Wie kommt man dazu, Säuglinge zu erschießen?*

Antwort: Ich weiß es nicht. Es ist einfach passiert.

Frage: *Was taten diese Zivilisten – besonders die Frauen, die Kinder und die alten Männer –, was taten sie? Was sagten sie zu Ihnen?*

Antwort: Man sagte gar nicht viel zu ihnen. Sie wurden einfach bloß runtergestoßen, und sie taten, was man ihnen befahl.

Frage: *Sie flehten also nicht, sagten nicht: ‚Nein … nein', oder …*

Antwort: Doch. Richtig. Sie flehten und sagten: ‚Nein, nein'. Und die Mütter drückten ihre Kinder an sich und … aber sie schossen einfach immer weiter. Wir, also, wir hörten nicht auf zu schießen. Sie bewegten die Arme und flehten …"[66]

Mit den Worten Harold J. Laskis plädiert Milgram dafür, dass alle Handlungen mit dem eigenen Gewissen übereinstimmen und vor sich selbst verantwortet werden müssen. Denn die Grundvoraussetzung für Freiheit sei „in jeder Lage stets eine weitgestreute und konsequente Skepsis gegen die Kanons und Vorschriften, auf denen die Machthaber bestehen".[67]

Wie Stanley Milgram selbst betont, haben seine Experimente die Richtigkeit von Hannah Arendts These von der „Banalität des Bösen" bewiesen. Denn wie auch Adolf Eichmann nach Arendts Deutung keine „brutale, perverse, sadistische Persönlichkeit, eine Inkarnation des Bösen" (Milgram) gewesen sei, seien die Hunderte von Versuchspersonen des Milgram-Experiments, die massive Gewalt ausübten, Durchschnittsmenschen gewesen, die diese Taten nicht aus Aggressivität, sondern aus Pflichtbewusstsein begangen haben. Milgram fasst seine Erkenntnis so zusammen: „Ganz gewöhnliche Menschen, die nur schlicht ihre Aufgabe erfüllen und keinerlei persönliche Feindseligkeit empfinden, können zu Handlungen in einem grausigen Vernichtungsprozess veranlasst werden."[68]

Zur Erinnerung: Nach dem Eichmann-Prozess, der 1961 in Jerusalem stattfand, war für Hannah Arendt klar, dass das Böse nichts außergewöhnlich Monströses war, sondern vielmehr das Alleralltäglichste, das von normalen, gewöhnlichen Menschen begangen worden war – und begangen werden kann. Das banale Böse wurzelt Arendt zufolge vor allem im Verlust der Empathie mit anderen Menschen – darin, dass man sich die konkreten Folgen des Handelns nicht bewusst macht – und in der Entpersonalisierung und Negierung des anderen. Diese Verwandlung eines Individuums in eine abstrakte Größe, die durch die „Brille der Ideologie" gar nicht wirklich existiert und als überflüssig angesehen wird, ermöglicht eine Gewissenstrübung und das Begehen von Verbrechen ohne Schuldbewusstsein. Die Empathielosigkeit und Gleichgültigkeit, die „Gedankenlosigkeit" und „Realitätsferne" (Arendt) lässt den Menschen schließlich horrende Taten begehen oder zulassen – es dringt nicht ins Bewusstsein. Das erscheint letztlich als die Bedingung dafür, andere Menschen nicht nur als überflüssig anzusehen, sondern sie dann auch überflüssig zu machen oder überflüssig machen zu lassen.[69] Dazu bemerkt Arendt: „Je oberflächlicher jemand ist, desto eher wird er sich dem Bösen ergeben. Das ist die Banalität des Bösen“, schreibt sie.[70]

Ein Gegengift könnte demnach in der Erweiterung der Empathie und in der Verweigerung des Denkens in Klischees bestehen, also darin, dass man sich der Dämonisierung, Diffamierung, Diskriminierung und Entpersonalisierung des anderen entzieht und sich eine differenzierte Sicht und umfassende Empathie bewahrt. Tritt man hingegen in die Falle der einfachen Erklärungen und Feindbilder, steuert man geradewegs in die Legitimation von Kriegen und Gewaltanwendungen hinein. Dann gilt es, „den Franzosen“, „den Russen“ oder „den Araber“ zu bekämpfen bis zum letzten Blutstropfen. Die Wirklichkeit erscheint dann als radikal zweigeteilt in die mythischen Bereiche des Guten und des Bösen. Alle Berücksichtigungen von Komplexität und Vielschichtigkeit und Verbundenheit sind obsolet. Wenn in dieser vergröbernden Art das Böse als klar beschreibbare Kollektivgröße gedeutet wird, ist der Kampf gegen dieses Kollektiv nahezu zwangsläufig, und die Hemmungen bezüglich der Auslöschung des Kollektivfeindes werden nach und nach abgeschmolzen. Dann wird bis zum Sieg über *den Feind* gekämpft, der dann in der Realität plötzlich doch wieder in Gestalt vieler *einzelner* zu tötender oder getöteter Menschen erscheint. Doch diese können nicht mehr als Einzelne wahrgenommen werden, sondern fallen in die vernichtende Kategorisierung des Totalfeindes wie in ein schwarzes Loch.

So ist es als grundsätzlich problematisch und dem banalen Bösen zuträglich anzusehen, wenn das Denken und Handeln des Einzelnen als ein nahezu mythisch sich vollziehender Großkampf gegen *den Feind* gedeutet wird. Dann gibt es keine Einzelnen mehr, nirgends. Weder auf Täter- noch auf Opferseite. Man ist nur noch ein selbstverständlicher Teil des Kampfes des Guten gegen das Böse, Teil einer Art höherer Gewalt. In der dafür üblichen vereinseitigten Moralrhetorik gilt dieser Kampf als dermaßen zwingend, gut, edel und gerechtfertigt, dass es eines weiteren eigenen Nachdenkens nicht mehr bedarf. Kritisches Denken samt Perspektivwechsel und Empathieerweiterungen gehen dabei verloren. Man übereignet sich dem „richtigen" Geschehen wie an eine übergeordnete Macht und verliert dabei jede Empathie mit der nach und nach immer entmenschlichter, entindividualisierter und dämonisierter erscheinenden Gegenseite. Diese besteht irgendwann nur noch aus der vernichtungswürdigen Kategorie „Feind". Deshalb verschwimmen wohl auch immer wieder im Krieg die „roten Linien" des Schutzes von Zivilisten und Nicht-Kombattanten, und es kommt zu „Kollateralschäden“ in riesigen Ausmaßen. Denn Skrupel bezüglich der angewendeten Mittel und des Ziels sind außer Betrieb gesetzt. Es walten vermeintlich größere Kräfte, denen man sich im totalen Vollzug der Spaltung einfügt. Man verfügt dann schlicht nicht mehr über ein eigenes Sensorium, einen eigenen Denkraum, eine eigene ethische Kategorie, eine individuelle Handlungsmöglichkeit jenseits der Kriegslogik. Diese macht eine andere Wahrnehmung, eine kritische Haltung oder ein alternatives Muster unmöglich. Man ist dann sowohl von der Empathie für die andere Seite abgetrennt, als auch von der Letztverantwortlichkeit für das eigene Tun und Denken. Das ist die Macht der Banalität des Bösen, die eine Macht der Spaltung und Verantwortungsabgabe ist. Sie beruht auf der verführerischen Logik der Verfeindung und der Gleichgültigkeit gegenüber der „anderen Seite“.

In ihrem Hauptwerk „Elemente und Ursprünge totalitärer Herrschaft“ zeigt Hannah Arendt noch einmal sehr ausführlich und genau, wie das banale Böse durch Spaltungen ermöglicht wird: Indem der Einzelne von seinen inneren Evidenzen, seinem Verantwortungsgefühl und Gewissen abgespalten wird und auch die eigene Bezugsgruppe total von einer als feindlich kategorisierten Außenwelt abgetrennt wird. Das sei letztlich das Wesen totalitärer Ideologien, die das Individuum entmachten, indem sie seine Orientierungsfähigkeit vernichten und unbedingte Loyalität herstellen. Das entscheidende Mittel ist das Prinzip der Spaltung: „Wer nicht eingeschlossen ist, ist ausgeschlossen“ und „Wer nicht für mich ist, ist wider mich.“ Die Zerstörung der Individualität sei dabei identisch mit der „Ertötung“ der Spontaneität, der Fähigkeit des Menschen, von sich aus etwas Neues zu beginnen, das aus Reaktionen zu Umwelt und Geschehnissen nicht erklärbar sei. Totalitäre Regime zielen Arendt zufolge auf „absolut kontrollierbare Reaktionsbereitschaft, auf restlos aller Spontaneität beraubte Marionetten“. Daher sei nicht nur *Charakter* gefährlich, sondern auch *Eigentümlichkeit* – selbst in der allgemeinsten und banalsten Form der Verschiedenartigkeit, so Arendt weiter. Diese Entkoppelung des Einzelnen von möglichen individuellen Regungen und eigensinnigem Denken und Handeln sei das Merkmal jeder Ideologie, die ein für alle geltendes eindeutiges Weltbild voraussetzt – „jene Verachtung für Wirklichkeit und Tatsächlichkeit in ihrer unendlich variierenden und nie einheitlich zu fassenden reinen Gegebenheit, die eines der hervorstechenden Merkmale der totalitären fiktiven Welt bildet.“ Es gelte fortan nur das, was sich aus der ideologischen Vorgabe heraus ableiten lässt, also eine eigene, vorgegebene und somit eindeutige, „fanatisch stimmige“, totale Logik aus einer Prämisse heraus, mit der die Wirklichkeit „verzehrt“ werde. Das Denken löst sich von der Erfahrung los. Arendt spricht auch von der „Tyrannei des zwangsläufigen Schlussfolgerns" und dem Zwang zur Gleichschaltung.

Das „einzige Gegenprinzip" dagegen ist für Hannah Arendt die „menschliche Spontaneität" und die Fähigkeit, „eine Reihe von vorne anfangen" zu können: Alle Freiheit liege in diesem Anfangenkönnen beschlossen. Über den Anfang habe keine zwangsläufige Argumentation je Gewalt, weil er aus keiner logischen Kette je ableitbar sei.
„Darum beruht die Argumentation des ‚Wer A gesagt hat, muss auch B sagen' auf der rücksichtslosen Ausschaltung aller Erfahrung und allen Denkens, das von sich aus irgendwo von neuem zu erfahren und zu denken anhebt." Die Gegenbewegung besteht also in der Verteidigung der Individualität, im Zusammenschluss in freien Gemeinschaftsformen sowie in dem Mut, einen neuen Anfang zu setzen.[71] Das ist ganz im Sinne der Erkenntnisse der Quantenphysik, gemäß derer es keine Realität in einem statischen und unveränderbaren Sinn gibt, sondern nur eine Wirklichkeit, die Kreativität ist. Oder, um es mit dem Physiker Hans-Peter Dürr zu sagen: „Wirklichkeit ist Möglichkeit."

Gegen das gänzliche Sich-Verlieren in dem einen, abgespaltenen Pol der Wirklichkeit – in dem Pol der vermeintlich „richtigen Seite" – hilft das stetige innere Arbeiten an Entfeindung und erweiterter Empathie, das innere Aufrechterhalten eines Bezugs zu allen Menschen, zu allen Opfern und zu allen Kräften, die nach Verbindendem und nach Vermeidung von Verletzung streben, nach Kooperation und Koexistenz, nach Friedlichkeit und Freundlichkeit, nach gemeinsamen Wegen und Gewaltlosigkeit, nach Ausgleich und Humanität, die dem gleichen Recht aller Menschen auf Leben und Unversehrtheit Rechnung tragen. Entscheidend dafür ist, dass die Menschlichkeit durchgehalten wird und man sich Empathie und Mitgefühl nicht aufspalten lässt. Das bedeutet, vermittelte Vorurteile und Feindbilder gegenüber anderen Menschengruppen aktiv zu verweigern und zu verlernen und Denkmuster, die mit kollektiven Feindkategorien und Stereotypen operieren, bewusst umzulernen. Es geht um das Erarbeiten eines „astigmatischen Sehens“ (Avishai Margalit), das die sozial vermittelten Stigmatisierungen und Dämonisierungen anderer überwindet und an der Idee der Gleichheit und unteilbaren Menschlichkeit festhält.

Für dieses aktive Verweigern und Verlernen von Feindbildern bedarf es eines kritischen Denkens, das Schablonen und übernommene Muster hinterfragt und ablegt; es bedarf der Bearbeitung eigener Ängste, des Aneignens von Wissen über den anderen, des kulturellen Austauschs, des Verzichts auf Abwertung. Darüber hinaus bedarf es des beständigen Versuchs, sich gemeinsam mit dem anderen auf etwas gemeinsames Drittes zu beziehen – zum

Beispiel die geteilte Menschlichkeit, den Aufbau einer gemeinsamen Verbindung, die Förderung von Kooperation, Vertrauen und Versöhnung. Dafür müssten die bequemen Komfortzonen eines übernommenen, stereotypen Denkens verlassen und die lebendige und kreative Zone der Begegnung, des Austauschs, des Kennenlernens im Geist der Anerkennung betreten werden.

Ein Schlüssel für das Betreten dieser auf die Zukunft und neue Möglichkeiten hin geöffneten Zone ist das vorauslaufende und zunächst einseitige Anerkennen und Würdigen des anderen, als investierende Gabe, als zuvorkommender Schritt der Liebe, als Eröffnung eines Weges der Befriedung. Dies bedeutet eine punktuelle und zunächst einseitige Unterbrechung von Gewalt- und Rachezirkeln und ein Signalisieren der Botschaft: „Ich erkenne dein Dasein an; ich will, dass du bist; ich will, dass du lebst, genauso wie ich will, dass ich lebe; ich respektiere und bejahe dich; ich sehe deine Not und ich zeige dir meine; ich will dir keine Angst machen und ich will keine Angst vor dir haben müssen; ich glaube an unser Verbunden- und Aufeinander-Angewiesensein; ich möchte eine Koexistenz; ich glaube, dass dir dein Leben genauso lieb ist wie mir das meinige – ich will meines behalten und dir deines lassen; ich glaube an eine Zukunft des Miteinanders; ich glaube, dass der Preis des Gegeneinanders und des Bekämpfens viel zu hoch ist; ich glaube, dass es eine

Pflicht ist, alles dafür zu tun, dass unsere Kinder nicht mehr in den Abgrund der gegenseitigen Gewalt gerissen werden; ich verlasse mein Eingeschlossensein ins Eigene und öffne mich für den Austausch und eine geteilte Macht; ich verlerne meinen Hass und meine Vorurteile; ich trachte auf Versöhnung; ich weite meinen Blick und mein Herz und schaffe Raum für mich *und* dich; ich öffne die geballte Faust und reiche dir die Hand; ich gewähre diesen Liebeswillen eröffnend, das heißt einseitig und auf Vertrauen hin; ich bin und ich will, dass du bist."

Die Einseitigkeit überwinden

Feindschaftsverhältnisse können durch eine Öffnung ihrer zugrunde liegenden Denkmuster überwunden werden: Indem das polarisierte Muster der Zweiteilung, in dem die eigene Seite gegen die andere Seite steht, überstiegen und statt der Entweder-oder-Logik und dem Schlag-Gegenschlag-Mechanismus „eine Reihe von vorne angefangen" wird (Arendt). Statt die Spaltung in Freund und Feind fortzuschreiben, würde man in verbindende Felder eintreten und nach einem grenzüberschreitend Verbindenden, dem humanen Prinzip und einer Zukunft ohne Hass, Verletzung und Schädigung streben. Dieses humane Prinzip setzt voraus, dass zwei Dinge grundsätzlich anerkannt werden: Jeder ist verletzlich und alle sind

aufeinander angewiesen: Daraus kann dann die Einsicht in die Notwendigkeit eines *gemeinsamen* Vermeidens von Gewalt erfolgen. Diese Logik ist ganzheitlich und daher notwendig vielfältig und vielsprachig, vielschichtig und vieldeutig, komplex und kompromissbereit, solidarisch statt spaltend, konsensorientiert statt einseitig-dominant. Sie entspringt einer „Gattungsmentalität" (Robert J. Lifton), die bewusst an die Stelle von Ausgrenzungs-
oder Ausrottungsmentalitäten gesetzt wird und sich dem grundlegenden Prinzip, dass Gewalt nicht sein soll, verpflichtet fühlt. Das Verbindende ist dann eben nicht die Zugehörigkeit zu einer Gruppe oder Nation, zu einem Militärbündnis oder Wirtschaftsraum, zu einer proklamierten „richtigen Seite der Geschichte" oder einer „falschen Seite der Geschichte". Vielmehr ist das Verbindende dann die gemeinsame Würde, das von allen geteilte Menschsein, dessen Erhalt und Gedeihen in einer ganzheitlichen Sorge und Solidarität, in Liebe und gegenseitiger Verantwortung und unter Ablehnung von Gewalt angestrebt wird. Prägend wäre dann das Bewusstsein, *eine* Menschheit zu sein, eine Würde und ein Schicksal zu teilen und in der geteilten Verletzlichkeit und Bedürftigkeit aufeinander auf Gedeih und Verderb angewiesen und füreinander verantwortlich zu sein. Hierfür müssen stetig die Spaltungen überwunden werden, indem eigene Perspektiven und Interessen nicht absolut, sondern relativ

gesetzt werden und mit den Perspektiven und Interessen der anderen vermittelt werden. Die Illusionen eigener Reinheit und Richtigkeit sowie totalisierte eigene Ansprüche müssten aufgegeben werden. Sie weichen einem gemeinsamen Verantwortlichsein für das Ganze.

So betont die argentinische Anthropologin Rita Segato in ihrer Schrift „Die Kraft des Ungehorsams", dass es darauf ankomme, „eine Welt im Plural" zu erhalten und neben dem auf Ausbeutung und Unterwerfung beruhenden Prinzip des Kapitalismus die vielen anderen Wege und Weisheiten zur Weltgestaltung anzuerkennen und zu kultivieren. Segato kritisiert den gegenwärtig herrschenden „dogmatischen Monotheismus" des Patriarchats und Kapitals, für den „es nur eine einzige Wahrheit, eine einzige Form des Guten, einen einzigen Gott, eine einzige Form von Zukunft, eine einzige Gerechtigkeit" gebe: Die „ausschließliche und ausschließende Logik". Dieser sollte die *andere Logik* der ursprünglichen Gemeinschaften Lateinamerikas entgegensetzt werden, die keine Logik des Monologs und des Monopols sei und nicht von der „Neurose der Kohärenz und Kontrolle" regiert werde. Sie sei vielmehr eine Logik, die mit Uneindeutigkeit und unvereinbaren Wahrheiten leben könne; die damit leben könne, dass die Gleichung A *und* Nicht-A gelten und trotzdem *beide* gleichzeitig als wahr angesehen werden kann. So plädiert Segato für den Erhalt von Bindungen und Lebensweisen in gemeinschaftlicher Verwurzelung, in denen die Überreste von Gemeinschaft entscheidend seien.[72]

Die Frage, die sich stellt, ist: Wie kann in einer Situation, in der eine Logik und ein Muster so dominant wird, dass es Alleingültigkeit beansprucht, verhindert werden, dass der Einzelne von dieser Autorität so aufgesogen wird, dass sein individuelles Verantwortungsgefühl verloren geht? Insbesondere bei der Dominanz einer gewaltförmigen Logik wie der militärischen stellt sich die Frage: Wie kann eine Verbindung zu einem inneren Korrektiv gegenüber dem äußeren Einfluss hergestellt und durchgehalten werden? Wie kann es gelingen, zwischen einem möglichen Manipuliertwerden von außen und der inneren Evidenz eigener Empfindungen und Werte unterscheiden zu können?

An einen solchen Weg, der gewissermaßen ein Rückweg zu sich selbst ist, erinnert die Schriftstellerin Marica Bodrožić in ihrem Essayband „Poetische Vernunft im Zeitalter gusseiserner Begriffe“. Darin erinnert sie an die Bedeutung des körperlichen Erschauderns. Sie berichtet von einem Brief der Schriftstellerin Ricarda Huch, in dem diese 1937 von einer Situation schreibt, in der sie bei einem offiziellen Abendessen tapfer und entschlossen den antisemitischen Äußerungen eines Tischgenossen widerspricht. Huch schreibt in dem Brief: „Natürlich hatten

Franz und ich uns sehr aufgeregt. Ich zitterte noch, als wir zuhause ankamen.“[73] Dazu bemerkt Bodrožić: „Der geistige Widerstand, der bei Ricarda Huch ein Zittern nach sich zieht, zeigt, dass der Körper die Aufregung austrägt, die aus dem Bedürfnis heraus entsteht, die eigene Wahrheit zu sagen und zu vertreten.“[74] Es gibt also ein inneres Korrektiv, einen inneren Seismographen, der unweigerlich ausschlägt und den Widerspruch vertritt, der im Namen des eigenen Gewissens nötig ist – und der sich offenbar auch auf dem Weg des Körpers seinen Weg bahnt. Dieses Korrektiv zeigt unwillkürlich an, wo es einen Dissens gibt, wo es gilt, für die innere Wahrheit auch im Außen einzustehen und sich nicht um der Konformität oder Konventionalität willen einer falschen und das Innere betäubenden Fremdbestimmung zu beugen. Allen äußeren Zwängen zum Trotz glaubt Bodrožić daran, dass der innere Raum eines Menschen verteidigt und aufrechterhalten werden kann. Sie schreibt: „Bevor eine äußere Macht oder Autorität diesen inneren Raum besetzen kann, müssen wir zuvor auf irgendeine Weise eingewilligt und uns etwas oder jemandem gebeugt haben. Wir müssen innerlich an irgendeiner Stelle ‚ja‘ gesagt haben. Erst nach unserer Einwilligung aber können wir von anderen manipuliert und von unseren Empfindungen entkoppelt werden.“ Doch sie ist überzeugt, dass es immer möglich sei, innerlich „ein anderes Gefüge“ herzustellen,

„eine eigene Landkarte der Integrität“ zu zeichnen, die ein „würdevoller Beitrag zum Gleichgewicht der Welt“ ist.[75] Doch dafür ist eine Wachheit und stetige Herzensbildung nötig, die in der Lage ist, sich den „gusseisernen Begriffen“ zu entziehen, „die sich so sehr auf der Seite des Guten wähnen, aber gar nicht mehr empfunden werden“. Es sei nötig, den eigenen Wahrnehmungen und dem eigenen Denken zu trauen. Für Bodrožić wird dies durch die „poetische Vernunft des Einzelnen“ ermöglicht, die fließend und offen sei und sich aus einer inneren Freiheit speise.[76]

Die entscheidende und grundsätzliche Frage heißt für Marica Bodrožić ganz im Sinne Stanley Milgrams und Hannah Arendts: „Wie können wir das Leiden in uns und in den anderen betrachten und aus dem Kampf gegen das Vorhandene aus- und in das ungerichtete Verstehen eintreten?“[77] Insbesondere in einer Kriegssituation käme es ihr zufolge darauf an, die Welt nicht nur im „Kriegsmodus“ wahrzunehmen, „der im Denken keinen Platz für Alternativen lässt und eine absolute Wirklichkeit herstellt“.[78] Bodrožić fragt: „Wie überstehe ich Gewalt, ohne ihr anheimzufallen – also ohne selbst zurückzuschlagen und ihr in meinem Denken einen Platz zu verschaffen?“ Bodrožić antwortet persönlich, indem sie davon berichtet, wie in einer Zeit eigener Gewalterfahrung für sie das Jesuswort „Liebet einander so, wie ich euch geliebt habe“

(Johannes 13,34) an Bedeutung gewann und zu ihrem „Herzensimperativ" wurde.[79]

So versuchte die aus Dalmatien stammende Marica Bodrožić auch in der Zeit des Krieges in ihrem Herkunftsland, eine innere Unabhängigkeit zu bewahren. „Ich wollte mein Sehen von den Forderungen der Propaganda und den feindlichen Zuordnungen befreien, für mich selbst lernen, die einzelnen Menschen zu sehen, Weite und nicht Enge in meinem Denken schaffen (...)", berichtet sie. Davon handelte auch ihr Buch „Mein weißer Frieden", auf dessen Erscheinen hin sie einen empörten Anruf von einem entfernten Verwandten erhielt:

> „Es ärgerte ihn, dass ich in meinem Buch versucht hatte, alle im Krieg beteiligten Seiten zu verstehen (verstehen, wohlbemerkt, nicht aber gutzuheißen, was sie getan hatten) und wohl auch, dass ich über die erwiesene Schuld der Kroaten geschrieben hatte, die im Zweiten Weltkrieg Juden und Serben in circa zwanzig Konzentrationslagern massenweise töteten und ganze serbische Dörfer innerhalb kürzester Zeit in Schutt und Asche legten – und ihre Einwohner auf bestialischste Weise ermordeten. Ich sei auf Propaganda unserer Feinde hereingefallen und zu jung, um all das zu verstehen. Dann sagte mein Verwandter plötzlich noch einen Satz, der mich, bis dahin noch wacker um

Fassung ringend, am ganzen Leib zittern ließ, mit dem er sich zu den verbrecherischen kroatischen Faschisten bekannte: ‚Hör zu, ich bin ein Ustascha, nur damit das klar ist.' Und ich sagte in meiner ersten Sprache: ‚Ich bin kein Ustascha, nur damit das klar ist.'"

In der Folge gab es immer weitere massive, auch öffentliche Angriffe gegen ihre Position. Doch in all diesen Bedrängnissen bestätigte und festigte sich ihre innere Haltung. Im Rückblick erkennt sie, „dass dieser Schmerz und die zu ihm gehörende Einsamkeit in meinem Leben unvermeidlich waren, ja, dass ich jetzt mein Leben nicht mein Leben nennen könnte, wenn ich mir diesen Schmerz erspart hätte." Und weiter: „Ich begriff, dass nun vollständig die größere Freiheit in mir wirksam war, jene unwiderrufliche Freiheit, die es mir ermöglichte, neue Familien und geistige Beziehungen zu wählen, denen ich mich nicht unterordnen muss, um bei ihnen sein zu können."[80]

Es wird deutlich: Um die im Feld der Gewalt herrschenden Zerstörungskräfte zu bannen und Perspektiven ihrer Überschreitung zu eröffnen, bedarf es einer „Gegen-Realität", die ins Spiel gebracht und persönlich gelebt wird. In einer Situation eskalierter Feindschaft geht es dieser anderen Logik nicht darum, mit spiegelbildlichen Feindsetzungen weiter im toxischen Feld der Gewalt zu versinken. Sondern sich der Feindsetzungen bewusst und entschieden zu entziehen und Feindschaften zu verweigern, um so auf das eigene Gewissen und eine gewaltminimierende Lösung bezogen zu bleiben.

Hierbei zeigt sich, dass die *Einseitigkeit* einer Positionierung ein Grundproblem ist, das die Kriegslogik zementiert und echte Lösungen verhindert – auch wenn sie verschleiernd noch so laut als moralisch gebotene Position oder „Friedensposition" bezeichnet wird. Einseitigkeit befördert und verewigt gewaltförmige Strategien. Echte Lösungen müssen dagegen versuchen, die ganze Wirklichkeit zu berücksichtigen und das Zusammenleben und den Interessenausgleich anzuvisieren. Insofern ist die Rede vom „Extremismus der Einseitigkeit" durchaus berechtigt, da die Einseitigkeit eine Ausschlusslogik ist, der die für eine Friedenslösung entscheidende Perspektive fehlt: die des anderen, mithin die der ganzen Wirklichkeit, die eine *gemeinsam* zu gestaltenden Wirklichkeit ist. Die Logik der Einseitigkeit ist letztlich auf Gewalt, Ausschluss und Endkampf gepolt. Die notwendige Perspektive eines gemeinsamen Verwiesen- und Verwobenseins, eines Koexistierens kann dabei nicht mehr eingenommen werden. Stattdessen herrschen Abschottungen und Wahrnehmungsblockaden vor – sowohl bezüglich der anderen als auch bezüglich der eigenen Seite. Einseitigkeit löst nichts, sie verhärtet nur, vertieft die Spaltung und verhindert eine für das Überwinden von Konflikten so nötige

Annäherung und Suche nach Verständigung und Verbindung. Einseitigkeit hält das polarisierte Muster aufrecht und lähmt die Situation.

Demgegenüber wäre es nötig, sich konsequent auf eine Position *außerhalb* des gewaltförmig zugespitzten Konfliktfeldes zu beziehen und gewissermaßen in einen Modus des Oszillierens zu gelangen: Zu oszillieren sowohl zwischen dem Inneren und dem Äußeren des Konfliktfeldes, um Lösungsmöglichkeiten jenseits des Feldes zu erkennen, als auch zu oszillieren zwischen den verfeindeten Seiten. Hierfür wäre ein öffnender Bezug zum *anderen* hin nötig, ein Aussteigen aus dessen Dämonisierung, ein ethisches Bewusstsein für die Gleichheit der Leben und die Multipolarität der Wirklichkeit. Es müsste der andere – auch wenn er gegenwärtig in der bedrohenden Gestalt des Feindes in Erscheinung tritt – in einer minimal positiven inneren Beziehung gehalten werden, die die akute Feindschaft übersteigt; damit wird im Inneren – und somit als Möglichkeit – noch eine andere gemeinsame Verbindung aufrechterhalten als die der akuten Gewaltkonfrontation. Es ist ein Raum, der auf die Zukunft hin geöffnet ist. Er wird bereitet, indem der andere nicht als das *absolut* Böse definiert wird und Tat und Person nicht vollständig miteinander identifiziert und verdammt werden. Oder indem eigene Anteile am Konflikt gesehen werden. Indem nicht nur die eigenen Ängste, sondern auch die des anderen wahrgenommen werden. Oder indem die vollständige Negierung des anderen aufgegeben und seiner Anerkennung Raum gegeben wird. Indem sich innerlich auch auf das „Nicht-Böse" im anderen bezogen und ein gemeinsames Sein unter Gleichen anvisiert wird. So können überhaupt erst Strategien und Lösungen in den Blick kommen, die Alternativen zur Gewalt und Vernichtung des anderen darstellen. Doch es müsste der Sprung aus der Einseitigkeit und Abgeschlossenheit des eigenen Pols gewagt werden. Dafür müssten auch eine kritische Sicht auf das Eigene erlangt und Fäden der Verbindung zum anderen geknüpft werden. Es müsste sich aus dem monolithischen Block des vermeintlichen totalen Gutseins herausgeschält und auf die Suche nach Ausgleich und einer neuen gemeinsamen Ordnung begeben werden. So kann eine Spur jenseits der Gewalt in den Blick kommen – ein Anfang, der das eskalierende Chaos der gewaltsamen Auslöschungsversuche ablöst. Das Herauslösen aus dem Kokon des totalisierten Eigenen, das Sich-Ausrichten auf anknüpfungsfähige Anteile im Bereich des anderen und das Knüpfen von Netzen gemeinsamen Existierens könnten so an die Stelle immer stärkerer gegenseitiger Beschädigungen treten. Statt immer schärferer Waffen *gegen* den anderen – mit all den verheerenden Rückschlageffekten für die eigene Seite – könnten die Möglichkeiten eines gemeinsamen Verbundenseins in den Horizont treten, so dass die Gewaltzirkel an einer Stelle unterbrochen werden und anders weitergemacht werden kann.

Durch das Oszillieren zwischen dem Innen und dem Außen des Kraftfeldes der Gewalt und zwischen den verfeindeten Seiten sowie durch das Halten des anderen im eigenen inneren Raum wird immer wieder versucht, sich im anderen auch selbst und den anderen in sich selbst zu erkennen – und der wechselseitigen Abhängigkeit und
gemeinsam geteilten Verletzlichkeit und Menschlichkeit Rechnung zu tragen. So wird das Bewusstsein genährt, gegenseitig aufeinander angewiesen zu sein, Befriedung und gegenseitige Anerkennung nötig zu haben. Mensch ist Mensch, Schmerz ist Schmerz – hüben wie drüben. Gewalt führt zu Gewalt, vergrößert den Schmerz und verhindert Auswege, Zukunft, Leben. Alles ist besser als die Herrschaft der Gewalt, die nach und nach alles und alle trifft und zerstört.

In der inneren Ausrichtung auf Verbindendes und in der Achtung des anderen können stattdessen Annäherungen und Vermittlungen ins Blickfeld rücken, die der geschlossenen Kriegslogik und ihrer Zerstörungsdynamik entkommen. Oszillieren hilft gegen den Tunnelblick, führt aus Sackgassen heraus und übersteigt die Enge des eigenen „Feindschaft-Horizonts“ hin auf einen „Lösungs-Horizont“. Dieser ist ein verbindender und gemeinsamer, der die akute Feindschaftssituation transzendiert. Es müsste darum gehen, um mit Hans-Georg Gadamer zu sprechen, in einen größeren Horizont „hineinzuwandern“. Diesen Vorgang hat Gadamer einmal als ein „Sichversetzen“ in einen „historischen Horizont“ beschrieben, was die Erhebung zu einer höheren Allgemeinheit bedeutet, „die nicht nur die eigene Partikularität, sondern auch die des anderen überwindet“. Es gehe dabei um die Überwindung eigener Enge und die Weitung eines statischen Gegenwartshorizonts durch die „Horizontverschmelzung“ von Gegenwartshorizont und historischem Horizont, so Gadamer. Der Schlüssel hierfür sei *das Verstehen*, das Gadamer als einen Vorgang der *Horizontverschmelzung* bezeichnet: die Herstellung eines Bezugs zu einem größeren Ganzen der Wirklichkeit.[81]

Es müsste darum gehen, nicht mehr blind vor Wut oder blind vor Rache oder blind vor Krieg zu sein, sondern sehend zu werden für Auswege *jenseits* der Gewalt. Gefangene der Kriegslogik vermögen diese Auswege nicht zu sehen. Das beschrieb Christa Wolf in ihrer Erzählung „Kassandra“:

> „Wer wird, und wann, die Sprache wiederfinden. Einer, dem ein Schmerz den Schädel spaltet, wird es sein. Und bis dahin, bis zu ihm hin, nur das Gebrüll und der Befehl und das Gewinsel und das Jawohl der Gehorchenden. Die Ohnmacht der Sieger, die stumm,

einander meinen Namen weitersagend, das Gefährt umstreichen. Greise, Frauen, Kinder. Über die Grässlichkeit des Sieges. Über seine Folgen, die ich schon jetzt in ihren blinden Augen seh. Mit Blindheit geschlagen, ja. Alles, was sie wissen müssen, wird sich vor ihren Augen abspielen, und sie werden nichts sehen. So ist es eben."[82]

Krieg ist immer eng mit Täuschungen verbunden. Sehend werden, hieße auch, die eigenen Erzählrahmungen der in Gang gesetzten Kriegslogik und Verfeindung zu durchschauen und zu durchbrechen – all die so wirkmächtig im Umlauf befindlichen verengten und instrumentalisierten Sichtweisen auf die andere und die eigene Seite. Sehend werden hieße auch, die Blindheit gegenüber den tatsächlichen Folgen all der heraufbeschworenen Gewalt, insbesondere der als legitim betrachteten nuklearen Optionen abzulegen. Wie in einer Therapie müsste das Realitätsprinzip Einzug halten und die große Selbstzerstörungslogik offengelegt werden. Hilfreich wäre es dabei, nach und nach die Projektionen, Spaltungen, Verleugnungen, Täuschungen zu überwinden und den befriedenden Weg der Anerkennung der Realität und des anderen und der gewaltlosen Konfliktlösung einzuschlagen. Die Kriegslogik ist eine fatal verkürzte und verzerrte Wahrnehmung durch den engen Sehschlitz des heruntergeklappten

Visiers; eine Wahrnehmung im Dienste der Schlagkraft und des Sieges – eine den Krieg wollende Sichtweise; das Säbelrasseln des Geistes. Wieviel möglicherweise Rettendes, Öffnendes, Lösendes gerät dabei aus dem Blick?

Christa Wolf zeigt in einem Dialog zwischen der Seherin Kassandra und ihrem den Verteidigungskrieg vorbereitenden Vater Priamos, wie schwierig es ist, aus der Kriegslogik auszusteigen, wenn man einmal in dieser Art von Blindheit gefangen ist:

> „Red keinen Unsinn, sagte Priamos. Die wollen unser Gold. Und freien Zugang zu den Dardanellen. – So verhandle drum! Schlug ich ihm vor. – Das hätte noch gefehlt. Verhandeln um unser unveräußerliches Eigentum und Recht! – Ich fing an zu spüren, dass der König gegen alle Gründe, die dem Krieg entgegenstanden, schon erblindet war, und was ihn blind und taub gemacht, das war der Satz der Truppenführer: Wir gewinnen. Vater, bat ich ihn, nimm ihnen wenigstens den Vorwand, Helena. Sie ist, hier oder in Ägypten, nicht einen einzigen erschlagenen Troianer wert. Dies sage den Gesandten dieses Menelaos, gib ihnen Gastgeschenke und lass sie in Frieden ziehn. – Du musst nicht bei Verstand sein, Kind, sagte er ehrlich empört, der König. Verstehst du gar nichts mehr? Es geht doch um die Ehre des Hauses."[83]

Ein Weg aus dieser Blindheit heraus bestünde in der Überwindung des polarisierten Freund-Feind-Musters und der Erschließung neuer Anknüpfungspunkte mittels des lebendigen Geistes – „das lächelnde Lebendige, das imstande ist, sich immer wieder aus sich selbst hervorzubringen, das Ungetrennte, Geist im Leben, Leben im Geist", wie es in „Kassandra" heißt.[84]

Auswege aus Spaltung und Gewalt

Um Feindschaft und verhärtete Konflikte zu überwinden, gilt es also, die Statik festgefahrener Polarisierungen aufzuweichen und wieder in ein dynamisches Feld des gemeinsamen Bezogenseins hineinzufinden. Darauf sei der Mensch auch im Grunde angelegt und angewiesen, wie der Religionsphilosoph Martin Buber (1878–1965) in seinem Buch „Ich und Du" beschrieben hat. Den gängigen Aufspaltungen hielt er die Tatsache entgegen, wie grundsätzlich und unhintergehbar verwoben und verflochten das *Eigene* mit dem *Anderen* sei und wie *selbst*zerstörerisch letztlich alle Spaltungs- und Feindschaftslogiken sind. Die Wirklichkeit sei die lebendige Beziehung von Ich und Du, so Buber. Wenn das aus dem Blick gerate, etwa indem Abstraktion und Aufspaltung walten, werde die Wirklichkeit gefährlich reduziert und „das Ich" gerät in lebensfeindliche Bedingungen. Leben ist Buber zufolge eine geheimnisvolle Dynamik des Zusammenspiels von Ich und Du, in dem der jeweils andere nie nur Mittel zum Zweck, sondern stets ein *heiliges Du* ist – eine Beziehung eröffnende Kraft. Leben geschehe in einem Feld des Bezogenseins, das durch die *Liebe* ermöglicht werde: „Liebe ist ein welthaftes Wirken. Wer in ihr steht, in ihr schaut, dem lösen sich Menschen aus ihrer

Verflochtenheit ins Getriebe; Gute und Böse, Kluge und Törichte, Schöne und Hässliche, einer um den anderen wird ihm wirklich und zum Du, das ist, losgemacht, herausgetreten, einzig und gegenüber wesend; (…) Liebe ist Verantwortung eines Ich für ein Du." Denn der Mensch ist für Buber wesenhaft und unhintergehbar ein Beziehungswesen, dem das Du „eingeboren" sei: „Im Anfang ist die Beziehung", schreibt er und: „Der Mensch wird am Du zum Ich." Geist sei demnach nicht im Ich, sondern *zwischen* Ich und Du. So baue sich die Gemeinde aus der lebendigen gegenseitigen Beziehung auf, „aber der Baumeister ist die lebendige wirkende Mitte". Wahres öffentliches und wahres persönliches Leben seien demnach zwei Gestalten der Verbundenheit. Diese Verbundenheit bringt Buber in dieses Bild: „Wenn aber die vollkommene Begegnung geschehen soll, sind die Pforten vereinigt zum einen Tor des wirklichen Lebens, und du weißt nicht mehr, durch welche du eingetreten bist." Insofern erweisen sich alle Einseitigkeit, alle Unipolarität, alle Einigelungen, alles Zurückziehen in den einen Pol des Eigenen, alle Isolationen, alles Ausgrenzende als letztlich lebensfeindliche Prozesse, die notwendige Beziehungen verhindern. Sie sind Entwirklichungen – dem Tode näher als dem Leben. Immer wieder gilt es deshalb laut Buber, den „Bann der Abgetrenntheit abzutun“ und aus der Falle der Beziehungslosigkeit heraus- und in das Feld der Beziehung hineinzufinden, in die „strömende Wechselwirkung“, in der das Ganze durch das „Du“ eröffnet wird.[85]

Auf dieser Grundlage tritt Buber für das dialogische Prinzip ein: Dass das Leben gestaltet wird durch eine lebendige Beziehung, die sich ereignet in jenem „Zwischen“, das im Moment des begegnenden Dialogs von „Ich“ und „Du“ gebildet wird: „Das Zwischen ist nicht eine Hilfskonstruktion, sondern wirklicher Ort und Träger zwischenmenschlichen Geschehens“, schreibt Buber.[86] Dieses „Zwischen“ sei eine geheimnisvolle Dimension, die sich in der Begegnung zweier Dialogseiten bilde und als ein „Drittes“ das Geschehen bestimme. „Jenseits des Subjektiven, diesseits des Objektiven, auf dem schmalen Grat, darauf Ich und Du sich begegnen, ist das Reich des Zwischen.“ Dieses liege jenseits von Individualismus und Kollektivismus und stifte „echte Gemeinschaft“ – eine „dynamische Zweiheit“, in dem das Eigene ergänzend im anderen und der andere ergänzend im Eigenen sei. Nur in dieser lebendigen Beziehung könne der Mensch wirklich Mensch sein. So käme alles auf „den Durchbruch zum anderen“ an. „Erst wenn der Einzelne den anderen, in all seiner Andersheit, als sich, als den Menschen erkennt und von da aus zum anderen durchbricht, wird er, in einer strengen und verwandelnden Begegnung, seine Einsamkeit durchbrochen haben.“ So müsse „das echte Dritte“ gesucht werden, das sich „aus lebendigen Beziehungseinheiten aufbaut“ und der Tatsache Rechnung trägt, dass sich die Existenz des Menschen in einer über „Ich“ und „Du“ hinausgreifenden und beiden gemeinsamen Sphäre vollzieht, eben der „Sphäre des Zwischen“, die Buber eine „Urkategorie der menschlichen Wirklichkeit“ nennt. Diese Dimension konstituiert sich in wirklicher Begegnung. Das wirkliche Gespräch der sich ereignenden Beziehung sei ein Widerfahrnis. So gelte es, alle „Verbindung mit Lebendem“ zu stärken – also aus der Fremdheit des Denkens und Handelns in abstrakten Kategorien und Sammelbegriffen und Stereotypen und Ideologien herauszukommen und einzutreten in dieses „dialogische Prinzip“, in die echte Begegnung, die aus sich heraus Gemeinschaft und das eigentliche Menschsein stiftet. Hierfür müsste „jene zarte Fläche des persönlichen Wesens, die nach Fühlung mit anderem Wesen verlangt“ aus der Abtötung durch den Kollektivismus befreit und wieder empfunden werden.[87]

Krieg und gewaltsam ausgetragene Konflikte zertrennen jedoch Bezüge und Beziehungen, zerstören Beziehungskräfte und Verbindungsfäden, Gemeinsames und Dialogisches, worauf doch die Einzelnen und Gemeinschaften so angewiesen sind. Aber immer wieder kehren bewundernswerte Menschen und Gruppen zurück in das förderliche Feld der gelebten Beziehung und überwinden Verfeindung, Gewalt und Spaltung – oft gegen die Widerstände ihrer jeweiligen Großgruppe, die von einer Feindschaftslogik dominiert wird. Ein beeindruckendes Beispiel hierfür sind die verwaisten israelischen und palästinensischen Eltern, die ein Kind in dem blutigen Konflikt ihrer verfeindeten Völker verloren haben und sich in der Initiative „Parents Circle – Trauernde Israelis und Palästinenser für Versöhnung" zusammengeschlossen haben. Gemeinsam arbeiten sie an der Entfeindung ihrer Gesellschaften und an der Ermöglichung eines dauerhaften Friedens. Sie fordern, dass der Kreislauf der Gewalt unterbrochen und das gegenseitige Hassen und Töten aufgegeben wird – und leben es beispielhaft. Nach der jüngsten Gewalteskalation im Oktober 2023 verkündeten sie:

> „Wir haben zu viel Blutvergießen und Schmerz erlitten, zu viele Tränen geweint. Dies ist ein Moment für alle daran beteiligten Seiten, über die Sinnlosigkeit

> des anhaltenden Konflikts nachzudenken und die gemeinsame Menschlichkeit zu erkennen, die uns alle verbindet. Gewalt gebiert nur weitere Gewalt, und der einzige Weg, sie zu beenden, ist ein friedlicher Dialog, ist Diplomatie und die Verpflichtung, einen gemeinsamen Nenner zu finden und den Bedürfnissen beider Völker gerecht zu werden.“[88]

114

Sie tragen in ihre von der Feindschaftslogik beherrschten Kollektive die Botschaft, dass der Preis dieses Konflikts viel zu hoch ist und dass es auf beiden Seiten Menschen sind, die in ihrer Verletzlichkeit und Sehnsucht nach einem Leben in Frieden und Sicherheit gleich sind. Und dass es auf beiden Seiten Menschen gibt, die andere Wege als möglich erscheinen lassen. Sie zeigen, dass sie viel tiefer als durch die aufgezwungene Feindschaft durch die gemeinsam geteilte Menschlichkeit und Sehnsucht nach Frieden miteinander verbunden sind. Sie weigern sich, Feinde zu sein. Und sie warten damit nicht auf einen immer wieder verschobenen fernen Tag X, sondern beginnen mit dem Frieden und der Versöhnung jetzt. Sie leben das, was immer wieder als schiere Unmöglichkeit behauptet wird: friedliche Koexistenz, in der der Geist der Feindschaft von einem Geist der Versöhnung und Kooperation abgelöst ist. Sie sehen und anerkennen den gleichen Schmerz und die gleichen Bedürfnisse auf allen

Seiten und ziehen die einzig vor der Humanität verantwortbare Konsequenz: Das Blutvergießen, die Gewalt, den Hass und die Feindschaft zu beenden. Jetzt. Sofort. Hier. Durch uns.

Einen Weg hierfür eröffnet auch der Psychoanalytiker Vamik Volkan, der in vielen Konflikten verfeindeter Völker und Gruppen vermittelt hat. Um diese zu lösen, bedarf es ihm zufolge einer psychologischen Diplomatie, in der durch moderierende und neutrale Dritte sensibel Leid gegenseitig sichtbar gemacht sowie Empathie und Perspektivwechsel ermöglicht wird. Dabei geht es immer wieder darum, negative Zuschreibungen abzubauen und das starre „Wir-Sie"-Schema aufzulösen; kurz: die Gegnergruppe zu humanisieren. Förderlich hierbei wirken das Klären und Erklären von Hintergründen und Erfahrungen, das gegenseitige Sehen und Anerkennen des Leidens, das Erzählen persönlicher Geschichten und das Trauern. Volkan schreibt:

> „In solchen Gesprächsrunden warten die Teilnehmer unweigerlich auch mit persönlichen Geschichten auf, die einen Bezug zum aktuellen Großgruppenkonflikt haben. Diese persönlichen Geschichten spiegeln anfänglich oft eine ‚Uns'-und-‚Ihnen'-Psychologie nach einem Schwarzweißschema wider – der andere wird als rundum ‚böse' gesehen, während die eigene Gruppe

> als rundum ‚gut' wahrgenommen wird. Im Zuge der Empathie, die sich entwickelt, beginnen diese Geschichten dann jedoch auch, Ambivalenzen mit einzuschließen. Ambivalenzen bedeuten, dass man beginnt, die Identität des anderen als eines ganzen Menschen anzuerkennen, der sowohl ähnlich als auch unähnlich ist, gemocht als auch nicht gemocht wird; der andere beginnt, menschlicher zu werden."[89]

Es bedarf eines langen gemeinsamen Weges zur Befriedung und Koexistenz, auf dem Rückschläge akzeptiert und immer wieder neu überwunden werden müssen. Doch die Erfahrung zeigt: diese Gespräche und Bemühungen können zu Keimzellen eines neuen, friedlicheren Miteinanders werden, zum Beginn einer neuen Zukunft.

Es war die simbabwische Autorin Tsitsi Dangarembga, die in ihrer Dankesrede zum Erhalt des Friedenspreises des deutschen Buchhandels 2021 den Satz sagte: „Unsere Entscheidung, was und wie wir denken, ist letztlich eine Entscheidung zwischen Gewalt oder Frieden fördernden Inhalten und Narrativen." Sie mahnte an, dass an die Stelle des bis heute so wirkmächtigen Musters der Spaltung dringend neue Lebens- und Denkmuster treten sollten. Etwa solche, die an der afrikanischen Philosophie des „Ubuntu" orientiert sind. Diese übersetzte sie mit dem Satz „Ich bin, weil du bist." Es ist eine Sichtweise, die

die entscheidende Bedeutung des „Wir“ anerkennt und diese Verbundenheit fördert. „Ubuntu“ ruft in Erinnerung, wie unhintergehbar verflochten und wechselseitig aufeinander angewiesen die Menschen sind. Deshalb wäre es weise, das Zusammenleben auf Gemeinschaftssinn, Kooperation, Solidarität, Anerkennung zu gründen. „Ubuntu“ ist Ausdruck des Bewusstseins, dass der Einzelne Teil eines Ganzen ist und daher Spaltungen, Rivalität, Feindschaften, Ausgrenzungen äußerst nachteilig und gefährlich sind. Förderlicher, friedlicher und nachhaltiger ist es, sich zu einer sich ergänzenden und einander tragenden Gemeinschaft zusammenzuschließen, in der alle anerkannt und sicher sind und keiner zurückgelassen wird. Tsitsi Dangarembga betont: „Ubuntu steht für die Praxis des friedlichen Zusammenlebens, weil man davon ausgeht, dass ein Mensch nur dann ein gutes Leben führen kann, wenn es auch seinen Mitmenschen gut geht.“[90] „Ubuntu“ zeigt einen Ausweg und steht dafür, dass eine andere Welt möglich ist. Wenn, ja wenn der Einzelne eine Entscheidung gegen Gewalt und für „Frieden fördernden Inhalte und Narrative“ trifft.

Es ist heute eine Umkehr nötig: Weg von der Überzeugung, Gewalt als ein legitimes und verlängertes Mittel der Politik anzusehen, weg von der Idee, sich für den Krieg rüsten und die Kriegslogik hochfahren zu müssen. Und weg von der Täuschung, Gewalt könne einen Konflikt lösen und sei begrenzbar und beherrschbar. Im Namen des universal geteilten Menschseins und Verletzlichseins und der unteilbaren und unantastbaren Menschenwürde sowie im entschlossenen Willen, die elenden und ewigen Kreisläufe des Blutvergießens zu beenden, muss es darum gehen, endlich einer anderen Logik eine Chance zu geben. Wie bereits Sigmund Freud 1930 bemerkte, ist es mehr denn je zur „Schicksalsfrage der Menschheit" geworden, ob es gelingt, „der Störung des Zusammenlebens durch den menschlichen Aggressions- und Selbstvernichtungstrieb Herr zu werden". Gerade in einer Situation, in der die Menschen heute die Mittel und Fähigkeiten haben, „einander bis auf den letzten Mann auszurotten", wie Freud schreibt, sei es höchste Zeit, dass die andere Ur-Macht des Eros – die Kraft der Selbsterhaltung und der Liebe für andere – groß gemacht würde, um die Zerstörungsmächte zu bannen.[91]

Die Zeit sollte endlich wirklich gewendet und der einzig rettende Ausweg eingeschlagen werden, indem innerlich und äußerlich die Friedenslogik in Gang gesetzt und gelebt wird – durch Enthaltung von Gewalt im Denken und Handeln; durch Verweigerung von Feindbildern; durch Erhaltung umfassender Empathie; durch Unterbrechung von Gewaltkreisläufen; durch Festhalten an unteilbaren Menschenrechten; durch Skrupel vor eskalierender Gewalt; durch Entscheidungen für Frieden fördernde Muster; durch ein Zusammengehörigkeitsbewusstsein, das die Spaltungen übersteigt und am „Wir“ arbeitet; durch den mutigen Glauben an die verwandelnde Kraft der Gewaltlosigkeit und Liebe.

Anmerkungen

1 Die folgenden Zitate sind dem Band „Reden zur Zeitenwende" entnommen: https://www.bundesregierung.de/resource/blob/992814/2131062/78d39dda6647d7f835bbe76713d30c31/bundeskanzler-olaf-scholz-reden-zur-zeitenwende-download-bpa-data.pdf (abgerufen am 15.1.2024)

2 Vgl.: Gottfried Küenzlen: Art. Fundamentalismus – Allgemein. In: Religion in Geschichte und Gegenwart (RGG)[4]. Tübingen 2000, Bd. 3, Sp. 415.

3 Vgl.: Martin Riesebrodt: Was ist religiöser Fundamentalismus? In: Siegfried Haas, Martin Riesebrodt, Clemens Six (Hg.): Religiöser Fundamentalismus: Vom Kolonialismus zur Globalisierung. Innsbruck/Wien 2005, S. 3.

4 Die folgenden Zitate stammen aus den „Verteidigungspolitischen Richtlinien für die Zeitenwende": chrome-extension://efaidnbmnnnibpcajpcglclefindmkaj/https://www.clausewitz-gesellschaft.de/wp-content/uploads/2014/12/VomKriege-a4.pdf (abgerufen am 15.1.2024)

5 Hanna Segal: Schweigen ist das eigentliche Verbrechen. In: Neue Wege 10/1986, S. 302f.

6 https://www.zdf.de/politik/berlin-direkt/pistorius-wir-muessen-kriegstuechtig-werden-berlin-direkt-100.html (abgerufen am 15.1.2024)

7 https://www.bmvg.de/resource/blob/5701724/6212023b94a9216cac00e85422c16b2d/verteidigungspolitische-richtlinien-2023-data.pdf (abgerufen am 15.1.2024)

8 Vgl.: https://www.stern.de/politik/joachim-gauck-will-mentalitaet-des-kalten-kriegs-zurueck-33897490.html (abgerufen am 15.1.2024)

9 Magazin „stern" 49/2023 vom 30.11.2023, S. 70–73.

10 Christa Wolf: Kassandra. Erzählung. SZ-Bibliothek, München 2007, S. 72f.76.

11 Hanna Segal: Schweigen ist das eigentliche Verbrechen, S. 301.

12 Carl Schmitt: Der Begriff des Politischen. Berlin 2015[9], S. 31.57.33.62f.

13 Carl Schmitt: Theorie des Partisanen. Zwischenbemerkung zum Begriff des Politischen. Berlin 2017[8], S. 94f.

14 Vgl.: Gert Sommer: Feindbilder. In Christopher Cohrs, Nadine Knab, Gert Sommer (Hrsg.): Handbuch Friedenspsychologie: https://handbuch-friedenspsychologie.de/buch/konzepte-des-friedens/konflikteskalation/feindbilder/ (abgerufen am 15.1.2024)

15 Judith Butler: Raster des Krieges. Warum wir nicht jedes Leid beklagen. Frankfurt/M.; New York 2010, S. 36.

16 Vgl.: Judith Butler: Gefährdetes Leben. Politische Essays. Frankfurt/M.2005, S. 50f., 175.

17 Judith Butler: Die Macht der Gewaltlosigkeit. Berlin 2023, S. 80.

18 Ebd., S. 130.20f.70.

19 Ebd., S. 245f. 44.23.

20 Ebd., S.246.

21 Judith Butler: Gefährdetes Leben, a.a.O., S. 160.

22 Vgl.: Pankaj Mishra: Das Zeitalter des Zorns. Eine Geschichte der Gegenwart. Frankfurt a. M. 2017[4], S. 48.378f.360.20.361.30.359.

23 Mary Douglas: Reinheit und Gefährdung. Eine Studie zu Vorstellungen von Verunreinigung und Tabu. Frankfurt a. M. 1988, S. 15f.

24 Vgl.: ebd., S.I 212.228ff.231.

25 Vgl.: Robert Pfaller: Das schmutzige Heilige und die reine Vernunft. Symptome der Gegenwartskultur. Frankfurt a. M. 2012[4], S. 15f.19.24.27.181.185.190.

26 Cynthia Fleury: Hier liegt Bitterkeit begraben. Über Ressentiments und ihre Heilung. Aus dem Französischen von Andrea Hemminger. Berlin 2023, S. 24.38.87.203.

27 Ebd., S. 95.115.

28 Ebd., S. 13.

29 Ebd., S. 60.145.72f.81.

30 Ebd., S. 100.198.214.

31 Ebd., S. 216.229.

32 Ebd., S. 305.307.51.303.

33 Vgl.: Hans Weder: Selig, die Frieden machen. In: Fritz Stolz (Hrsg.): Religion zu Krieg und Frieden. Zürich 1986, S. 155.156f.158f.

34 Ulrich Luz: Das Evangelium nach Matthäus. 1. Teilband (Mt. 1–7). EKK I/1. Zürich/Neukirchen 1992[3], S. 317.295.

35 Vgl.: Etty Hillesum: Das denkende Herz. Die Tagebücher von 1941–1943. Hrsg. Von J. C. Gaarlandt. Aus dem Niederländischen von Maria Csollány. Reinbek bei Hamburg 2013[24], S. 94.49.35.92.106.176.149.198f.

36 Gerd Theißen: Gewaltverzicht und Feindesliebe und deren sozialgeschichtlicher Hintergrund. In: G. Theißen: Studien zur Soziologie des Urchristentums. Tübingen 1983^{2}, S. 194.

37 Gerd Theißen: Christliche Friedensethik – neuzeitliches Konstrukt oder Fortsetzung der biblischen Geschichte? In: International Journal of Orthodox Theology 8:3/2017, S. 32f.

38 Hildegund Keul: Das Wagnis der Verwundbarkeit. Ostfildern 2017^{3}, S. 88.

39 Ebd., S. 123.

40 Hildegund Keul: Resilienz aus Verwundbarkeit. Der Vulnerabilitätsdiskurs als Chance für eine gesellschaftliche Theologie. In: Hermeneutische Blätter 1/2007, S. 119.

41 Hildegund Keul: Das Wagnis der Verwundbarkeit, a.a.O., S. 134.

42 René Girard: Mimetische Theorie und Theologie. In: Jozéf Niewiadomski, Wolfgang Palaver (Hrsg.): Vom Fluch und Segen der Sündenböcke. Raymund Schwager zum 60. Geburtstag. Thaur 1995, S. 24f.

43 René Girard: Gewalt und Gegenseitigkeit. In: Sinn und Form 54/4 2002, S. 453f.

44 Pinchas Lapide: Entfeindung leben. Gütersloh 1993, S. 6.

45 Ebd., S. 7f.13.16.

46 Vgl. Judith Butler: Die Macht der Gewaltlosigkeit, S. 207–209.

47 Vgl.: Jan Schönfelder (Hrsg.): Das Wunder der Friedlichen Revolution. Prominente Stimmen zum Herbst 1989. Leipzig 2009, S. 24.204.

48 Martin Jankowski: Der Tag, der Deutschland veränderte – 9. Oktober 1989. Leipzig 2009^{2}, S. 110.

49 Günter Hanisch u. a. (Hrsg.): Dona nobis pacem. Herbst ’89 in Leipzig – Friedensgebete, Predigten und Fürbitten. Leipzig 1996^{2}, S. 42.

50 Ebd., S. 45.

51 Jan Schönfelder (Hrsg.): Das Wunder der Friedlichen Revolution, a.a.O., S. 82.

52 https://www.unifr.ch/iso/de/assets/public/files/Lehre/Referenztexte/Westkirche/Basel_Dokument.pdf (S.10 und 5; abgerufen am 15.1.2024)

53 Sigmund Freud: Warum Krieg? In: Studienausgabe Band IX: Fragen der Gesellschaft/Ursprünge der Religion. Frankfurt a. M. 1974^{8}, S. 284f.

54 Sigmund Freud: Zeitgemäßes über Tod und Krieg. In Studienausgabe Band IX, S. 38.

55 Alexander Kluge: Kriegsfibel 2023. Berlin 2023, S. 87.109.

56 Vgl.: Judith Butler: Die Macht der Gewaltlosigkeit, a.a.O., S. 26.34.

57 Cynthia Fleury: Hier liegt Bitterkeit begraben, a.a.O., S. 233.226.227.

58 Vgl.: Hanna Segal: Schweigen ist das eigentliche Verbrechen, a.a.O., S. 306.305.307f.

59 Alexander Kluge: Kriegsfibel 2023, a.a.O., S. 106.

60 Wolfgang Borchert: Das Gesamtwerk. Hrsg. von Michael Töteberg unter Mitarbeit von Irmgard Schindler. Reinbek bei Hamburg 2007, S. 527–530.

61 Stanley Milgram: Das Milgram-Experiment. Zur Gehorsamsbereitschaft gegenüber Autorität. Reinbek b. Hamburg 1974, S. 11.

62 Ebd., S. 21.

63 Ebd., S. 23.25.

64 Ebd., S. 207.

65 Ebd., S. 209–211.216f.

66 Ebd., S. 212–214.

67 Ebd., S. 218.

68 Ebd., S. 22.

69 Hannah Arendt: Eichmann in Jerusalem. Ein Bericht von der Banalität des Bösen. München 2006, S. 56f. Und: Hannah Arendt: Abschließende Bemerkungen zu „The Origins of Totalitarism" (1951). In: Über den Totalitarismus. Texte Hannah Arendts aus den Jahren 1951 und 1953. Berichte und Studien Nr. 17. Hrsg. vom Hannah-Arendt-Institut für Totalitarismusforschung an der TU Dresden. Dresden 1998, S. 16–18.22.

70 Hannah Arendt: The Jewish Writings. Edited by Jerome Kohn and Ron H. Feldman. New York 2007, S. 479f.

71 Vgl.: Hannah Arendt: Elemente und Ursprünge totaler Herrschaft. München 1991[2], S. 696.698.700.723–730.

72 Rita Segato: Die Kraft des Ungehorsams. Rede zur Eröffnung der Buchmesse in Buenos Aires. Rosa-Luxemburg-Stiftung Berlin/Frankfurt 2019, S. 7f.18. (https://www.rosalux.de/fileadmin/rls_uploads/pdfs/Ausland/Lateinamerika/discursoRitaSegatoSinCortes.pdf)

73 In: Marica Bodrožić: Poetische Vernunft im Zeitalter gusseiserner Begriffe. Reihe Fröhliche Wissenschaft 140. Berlin 2019, S. 34.

74 Ebd.

75 Ebd., S. 41.

76 Ebd., S. 20.

77 Ebd., S. 81.

78 Ebd., S. 45.

79 Ebd., S. 81f.

80 Ebd., S. 106–110.

81 Vgl.: Hans-Georg Gadamer: Wahrheit und Methode. Grundzüge einer philosophischen Hermeneutik. Tübingen 1975[4], S. 288–290.

82 Christa Wolf: Kassandra, S. 10.

83 Ebd., S. 80

84 Ebd., S. 120

85 Vgl.: Martin Buber: Ich und Du. Ditzingen 2006, S. 15.18.28.37.43.44.98.73.68.

86 Martin Buber: Einsichten. Wiesbaden 1953, S. 71.

87 Ebd., S. 73f.69–71

88 https://www.nordkirche-weltweit.de/wp-content/uploads/2023/10/2023-erklaerung-des-parents-circle.pdf (abgerufen am 15.1.2024)

89 Vamik D. Volkan: Das Versagen der Diplomatie. Zur Psychoanalyse nationaler, ethnischer und religiöser Konflikte. Gießen 2003, S. 238.

90 Vgl.: https://www.friedenspreis-des-deutschen-buchhandels.de/alle-preistraeger-seit-1950/2020-2029/tsitsi-dangarembga (abgerufen am 15.1.2024)

91 Vgl.: Sigmund Freud: Das Unbehagen in der Kultur. In: Studienausgabe Band IX. Frankfurt am Main 1974, S. 270.

Quellennachweis Seite 4

Aus: Frantz Fanon: Schwarze Haut, weiße Masken. Aus dem Französischen von Eva Moldenhauer. Wien und Berlin 2016, S. 195.

MIX
Papier aus verantwortungsvollen Quellen
FSC® C014138

Product footprint
CO_2 Neutral
PBN-CFMCP-015258

Zum Schutz der Umwelt verzichten wir bei diesem Buch auf das Einschweißen mit Folie.

www.claudius.de

Umschlaggestaltung: Weiss Werkstatt, München
Lektorat: Andreas Rode, München
Gesetzt aus der Adobe Garamond Pro und Lucida Sans
Druck: FINIDR s.r.o, Český Těšín

ISBN 978-3-532-62897-3